Pourquoi viens-tu si tard ?

DE LA MÊME AUTEURE
(sélection)

Elles veulent un enfant, Albin Michel, 1998
Le Deuil de maternité, Calmann-Lévy, 2004
Bébé Attitude, Plon, 2005
Muriel Flis-Trèves (dir.), *Les 100 Mots de la maternité*, PUF, 2014

Muriel Flis-Trèves
avec Maryvonne Ollivry

Pourquoi viens-tu si tard ?

Dans l'intimité des maternités tardives

Préface de Michelle Perrot

CALMANN LÉVY

Ouvrages de Maryvonne Ollivry

Esprit de corps. L'Église face à la pédophilie,
avec Fabrice Guillermet,
éditions J.-C. Lattès, 2003
Le Dictionnaire de ma vie, avec René Frydman, Kero, 2022

CALMANN LÉVY
ÉDITEUR DEPUIS 1836

COUVERTURE
Maquette : olo.éditions

ISBN : 978-2-7021-6880-6

Préface

Nous vivons une révolution anthropologique. Les familles se décomposent et se recomposent, les unions se font et se défont. Sexualité et reproduction n'ont plus grand-chose à voir. Les femmes peuvent faire des enfants en couple de femmes, ou toutes seules, avec seulement la semence d'un homme. « Je suis allée faire un pur enfant du désir et de la technique », dit l'héroïne d'un roman récent[1]. Des enfants éventuellement dépourvus de tout gène de leurs parents légitimes. Voire ignorant d'où ils viennent si ces derniers ne leur disent rien.

Deux faits majeurs jalonnent cette histoire : la conquête du droit à l'interruption volontaire de grossesse par le Mouvement de libération des femmes (loi Veil de 1974), « révolution copernicienne », disait Françoise Héritier qui y voyait le principal moyen de « dissoudre la hiérarchie » sexuée. Et l'instauration des PMA, qui changent

1. Camille Froidevaux-Metterie, *Pleine et douce*, Sabine Wespieser, 2023, p. 33. « C'est le principe même du couple qui me débecte », dit l'héroïne, Stéphanie.

radicalement les conditions de la génération. Même la frontière, impérieuse cependant, de la ménopause peut être reculée, voire franchie, grâce à ce miracle troublant de la science qui modifie non seulement les rapports de sexes, mais la place de l'enfant. L'IVG a permis de passer de l'enfant subi à l'enfant désiré. La PMA, en triomphant de la stérilité ou de la solitude, rend possible la réalisation de ce désir.

C'est cette histoire que raconte le beau livre de Muriel Flis-Trèves, nourri de son expérience et de la parole des actrices, aspect le plus fascinant du récit. Les « *late bloomers* » disent leur parcours, souvent professionnellement réussi, mais elles éprouvent, aux approches de la quarantaine, le sentiment du vide, de la finitude et l'aspiration à laisser quelque chose après soi. La maternité demeure un accomplissement de la féminité et de la vie. Sur ce point, Simone de Beauvoir ne l'a pas emporté. Surtout en France, où les femmes conjuguent les taux de fécondité et d'activité les plus élevés en Europe, ce qui explique aussi la lourdeur de leurs tâches cumulées, qu'elles continuent à assumer. Il ne faudrait pas, du reste, que ce modèle devienne obsédant. On peut réussir sa vie sans maternité. Le monde est vaste et les chemins, divers.

« Un enfant, si je veux, comme je veux, quand je veux », clamaient les militantes du MLF. Le « quand » est devenu le nœud du problème. La congélation des ovocytes, pratiquée en Angleterre ou en Espagne, et désormais autorisée en France (loi du 2 août 2021), permet de reculer le diktat de l'âge. Dans les années 1980, les maternités après quarante ans ne représentaient que 1,1 % des naissances ; elles sont aujourd'hui beaucoup plus nombreuses. Dans l'échantillon du présent livre, nécessairement biaisé par son objet, plusieurs ont 45 ans et plus, la fécondation étant réalisée par le sperme d'un donneur. Actuellement cette démarche est pratiquée majoritairement par des femmes seules. La PMA permet aussi de vaincre la douloureuse stérilité d'un couple, jadis toujours attribuée aux femmes, tant les hommes, l'assimilant à l'impuissance, refusaient de l'admettre. Quelques témoignages masculins montrent cette résistance, mais aussi la souffrance de ne pas être père, le bonheur d'y parvenir. Tant l'enfant paraît la réalisation d'un couple et le prolongement d'une vie. « Avoir un enfant, c'est perpétuer une chaîne, c'est retrouver quelque chose de son histoire, c'est laisser après soi un être qui nous ressemble, c'est aussi se rassurer narcissiquement » (p. 141).

Mais les enfants issus de ces techniques, comment vivent-ils leur situation ? D'abord, comment le leur dire ? « Comment parler à l'enfant ? », est-il écrit dans un chapitre d'une particulière densité. Dès la naissance se pose l'inévitable question de la ressemblance. À qui ressemble-t-il, ce bébé ? Au père ou à la mère ? Ou à tel ou tel aïeul ? De qui tient-il cette carnation, cette couleur des yeux ? Jusqu'en 2005, la majorité des couples ne disaient rien de leurs origines à leurs enfants. La filiation demeurait entourée d'indicibles secrets, comme si le recours à la PMA était le signe d'une défaillance honteuse, le triste palliatif d'un malheur.

L'anonymat du donneur était la règle adoptée par les Cecos, créés en 1973. Silence générateur de drames quand les intéressés apprenaient leur mode de conception. À cet égard, l'histoire d'Arthur et d'Audrey Kermalvezen, l'un et l'autre nés d'une PMA, est significative. Lorsqu'Audrey apprend à 29 ans qu'elle est née d'un don de sperme, elle éprouve un sentiment de trahison et de colère vis-à-vis de son père qui lui a caché sa stérilité. Elle cherche à savoir, mais on lui oppose l'anonymat du donneur. Devenue avocate, spécialiste de bioéthique, elle fonde avec Arthur l'association « Origines » sur laquelle elle s'appuie pour obtenir la levée de l'anonymat, ratifiée par la loi de 2021, malheureusement non rétroactive, ce qui prive des milliers de personnes de la connaissance de leurs origines. Le couple se bat maintenant pour supprimer cette disposition restrictive.

C'est sans doute différent aujourd'hui. La parole s'est libérée, mais elle est toujours difficile, car liée à une intimité qu'on ne souhaite pas forcément dévoiler, tant l'infécondité demeure entachée de honte. Et si l'enfant nous en voulait ? S'il voulait rencontrer le donneur ? Arthur Kermalvezen est le premier français à l'avoir fait, en 2017, à 34 ans, soutenu par son père légitime, qui avait très mal vécu son infertilité, mais comprend son besoin de savoir. « C'est un repère supplémentaire. Une donnée essentielle pour avancer », dit Arthur. Son palpitant récit montre la force du souci des origines, qui taraude la société contemporaine, besoin conforté par les perspectives généalogiques ouvertes par l'ADN.

De plus en plus nombreux sont ceux qui, comme Hermine ou Suzanne, optent pour la transparence totale et tôt assumée. Hermine, qui a eu deux filles à 42 et 44 ans, par don d'ovocytes, regrette que ses filles ne puissent connaître leur donneur, en raison de la législation espagnole. « Ma fille adore que je lui raconte son histoire », dit Suzanne. De qui, d'où elle vient. L'extraordinaire pouvoir révélateur de l'ADN permet la reconstitution de généalogies familiales dans la longue durée. À l'excès parfois, avec le risque de s'enfermer dans une insistante quête identitaire. Et s'il suffisait d'être né ?

« La naissance d'un individu n'est jamais pensée en termes purement médicaux [...]. Donner la vie demeure l'acte philosophique par excellence », dit justement l'auteure. Les mères tardives, « pionnières d'un nouveau rapport à la vie », porteuses d'« une forme partagée de confiance dans l'avenir », ont franchi une nouvelle frontière existentielle et élargi, par leur ténacité, l'horizon des possibles.

Ce livre lucide et solidaire, remarquablement pensé et écrit, bruissant de voix, anxieuses et joyeuses, nous invite à suivre leur aventure captivante. Une histoire du désir d'enfant, chapitre majeur de celle de l'amour.

Michelle Perrot

Avant-propos

de Muriel Flis-Trèves

« Pourquoi le temps ne dure-t-il pas ? » me dit une femme arrivée en retard en consultation. À peine assise, son agenda noirci de rendez-vous ouvert sur les genoux, son smartphone collé à sa main, elle s'interroge sur son désir d'enfant. Elle ne se sent pas vraiment prête, mais elle a rencontré quelqu'un avec qui elle ferait bien un enfant... À 47 ans !

Temps saturé d'activités, temps qui la rattrape maintenant autour d'une question essentielle.

« Je n'ai pas vu le temps passer, confie une autre patiente en entretien. Autour de moi, on ne vieillissait pas ; on m'a toujours protégée, mes parents faisaient tout à ma place ; pas de problèmes d'argent, d'impôts, de loyer... J'ai l'impression d'être jeune, très jeune. J'ai 40 ans et j'ai la sensation d'en avoir 25... Je voudrais un enfant mais je n'y arrive pas. Tout est passé trop vite. Que m'est-il arrivé pour que je me réveille seulement maintenant ? »

Tout passe si vite dans la temporalité de la satisfaction immédiate, surtout si des personnes bien intentionnées vous ont retenu de grandir, alimentant votre inconscience du temps qui passe, vous confortant dans ce déni...

Une femme de 45 ans me parle de ses ovocytes cryopréservés depuis plusieurs années, elle veut les utiliser maintenant, tout de suite, grâce à des spermatozoïdes qu'elle vient de recevoir d'une banque de sperme étrangère. Elle se dit qu'il est temps de faire un enfant. Dans quelle temporalité sont ces ovocytes, figés, préservés longtemps à l'avance ? En attente, dans un temps suspendu ?

« Le temps qui passe n'est pas du temps perdu, c'est du temps volé », dit une ancienne otage[1].

Mais ces femmes en quête d'enfant considèrent-elles le temps qui a passé comme volé ? Ou a-t-il été un temps pour d'autres actions, d'autres réalisations ?

Vers où et pourquoi couraient-elles si urgemment ? Se sont-elles laissées vivre sans contrainte ? Comme si le temps allait durer toujours, au mépris de désirs peut-être plus essentiels, d'interrogations plus intimes ? Quel événement leur fait prendre conscience qu'il faut enfin revenir à soi et laisser parler leur désir ? Car on a beau penser la retarder, la contourner, l'horloge biologique est toujours là pour rappeler sa réalité.

Dans mon bureau, elles viennent en parler, se livrer, essayer de comprendre. Envoyées par des confrères médecins, par des connaissances, ou parce qu'elles savent qu'en tant que psychiatre psychanalyste j'ai longtemps travaillé avec le professeur René Frydman à l'hôpital Antoine-Béclère auprès des

1. Ingrid Betancourt, *Même le silence a une fin*, Gallimard, 2010.

femmes en cheminement de PMA. Je les écoute, j'entends leurs regrets, leurs espoirs aussi. Elles le savent : les nouvelles offres de la médecine et notamment la PMA ont bousculé la procréation et l'engendrement. Le désir d'enfant peut être assouvi plus tardivement[2] et si sa réalisation n'est plus possible naturellement, les femmes ont à leur disposition des moyens qui peuvent les aider à concevoir. Parmi celles dont nous allons parler ici, certaines sont célibataires, d'autres ont un compagnon.

Nous avons délibérément choisi des femmes qui ont dépassé un certain âge, car nous nous sommes intéressées à la question de ce dépassement. « Pourquoi viens-tu si tard ? » se demandent-elles toutes. Qu'est-ce qui a motivé leur attente, retardé leur décision ? Qu'est-ce qui les a empêchées d'être mères plus tôt ?

Avance, retard, attente, répétition, accrocs dans les vies. Mes patientes ont toutes vécu ce temps de la psychanalyse qui nous fait approcher une temporalité autre, non mesurable, où le passé prend une forme nouvelle, devient présent, et dans lequel le sujet puise une force pour continuer. Travail psychique de recomposition d'un passé enfoui qui resurgit, inséparable du temps présent, et qui permet sans doute d'être mieux préparé aux caprices de l'inconscient... Car comme l'a dit Françoise Sagan : « On ne sait jamais ce que le passé nous réserve[3]. »

---

2. Muriel Flis-Trèves, « Irrésistible est le cours du temps », colloque Gypsy, *L'irrésistible course du temps*, PUF, 2011.

3. Françoise Sagan, *Je ne renie rien. Entretiens 1955-1992*, Stock, 2014.

Introduction

Pourquoi cette urgence d'un seul coup ? Quel est le moteur qui soudain pousse ces femmes à braver l'obsolescence programmée de leur anatomie ? Le déclic qui les fait entrevoir une autre vie ? L'âge ? Une rupture ? Un nouvel amour ? Leurs histoires sont multiples. Célibataire hyperactive qui n'a jamais trouvé le temps de vivre sa vie de femme. Célibattante meurtrie par l'enfance et les déconvenues sentimentales. Compagne d'un homme pas en phase avec son envie de maternité. Épouse seule face à un désir d'enfant-réparation. Récente divorcée sans partenaire mais en désir de maternité... Donner la vie ou non ? Surmonter l'épreuve des traitements, parfois faire le deuil de leurs ovocytes, accepter de dépendre d'un don de gamètes, avoir un petit né du sperme d'un donneur ou sans gènes communs... Dans leur soif de lucidité nouvelle, dans leur projection vers l'avenir, dans leur volonté de transmettre, il s'agit, elles le pressentent, d'une aventure autant source de bonheur que de larmes. L'aimerai-je ? Mon compagnon l'aimera-t-il ? À qui va-t-il ressembler ? Comment vais-je l'élever sans homme ? Devrai-je lui dire la vérité de ses origines ? M'en fera-t-il le reproche ?

Elles, qui avaient toujours conduit leur vie à la force de leur volonté, se retrouvent face à une nouvelle page vide où tout ne dépend plus d'elles. Les voilà dépendantes de leurs défaillances, de la médecine, parfois de donneurs ou donneuses. Cela ne se fait pas sans remise en cause personnelle. Un long cheminement. Une aventure en tout point singulière.

Pourquoi si tard ? Oui, pourquoi ? Elles ne savent pas toujours ce qui les pousse à venir consulter un ou une psy, elles savent seulement qu'elles ont un désir d'enfant, aussi soudain qu'impérieux, aussi neuf que paradoxal vu leur âge. Elles ont souvent passé 38, 40, voire 45 ans. Elles semblent sortir d'un long sommeil, comme si elles n'avaient pas vu le temps filer, comme si la maternité n'avait été l'affaire que de leurs amies, et ne les concernait en rien. Et voilà qu'elles y pensent à leur tour. Fortement. Douloureusement aussi : l'enfant désormais tant désiré ne s'annonce pas. *Qu'est-ce qui bloque, docteur ?* Souvent leur venue a été précédée de nombreux rendez-vous chez leur médecin traitant, leur gynécologue. D'eux, elles ont appris – ou se sont entendu rappeler – les raisons, les bonnes vieilles raisons physiques qui régentent les femmes depuis Ève. Il y a un âge pour féconder sans problème, il y a un âge où cela devient plus difficile, où les ovocytes ont perdu de leur jeunesse. En gros, « il aurait fallu y songer avant ». C'est le coup de semonce. Le dessillement brutal. Le rappel pragmatique, mesquin, vulgaire, de réalités bassement physiques. Elles seraient donc trop vieilles ? Périmées ? Elles qui ne se sont jamais senties si en forme, si pleines de projets, si enclines à croquer la vie, au point justement de vouloir la prolonger, la donner. Trop vieilles ! Mais *quid* de toutes ces personnalités, actrices, femmes politiques, influenceuses... arborant ventres et sourires comblés des futures mamans quadra ? Pour elles cela semble simple, possible, *alors, pourquoi pas pour moi ?* Les jolies couvertures de magazines racontent peut-être une belle histoire mais taisent parfois des réalités autrement moins glamour : fausses couches, traitements hormonaux, fécondations *in vitro*, voire recours à un don d'ovocytes. D'ailleurs, leur gynécologue ne leur a pas dit autre chose : vos chances d'ovuler naturellement sont infimes mais si vous y tenez vraiment, on peut envisager telle ou telle alternative. Comprenez : se lancer sur le chemin plus ardu de la procréation médicalement assistée.

Elles arrivent en consultation avec ce bagage. Lourd de présupposés, de fantasmes, d'injonctions sociales, d'héritages familiaux, de découragements et d'espérances. Histoire de supporter le chemin de croix qui les attend, elles espèrent trouver dans les entretiens psychothérapeutiques de la force, et savent qu'on n'éclaire jamais mieux l'avenir qu'en réglant ses comptes avec l'obscurité de son passé. *Pourquoi je me réveille si tard ?* Si elles regrettent de n'avoir pas vraiment pris la mesure des choses, doivent-elles pour autant se sentir coupables ? Les hommes, leurs compagnons d'enfance, de jeux, d'études, de romance, de travail, se battent-ils la coulpe, eux ? Se mortifient-ils d'avoir pris du temps pour construire leur carrière, se stabiliser avant d'envisager une paternité ? S'en veulent-ils de l'avoir remis au jour hypothétique où ils seraient prêts ? « À 20 ans, je répondais que je voulais des enfants, mais plus tard, quand je serais adulte, écrit Myriam Levain dans un essai décapant[1]. À 25 ans, je répondais que je voulais des enfants mais plus tard, quand j'aurais un vrai boulot. À 30 ans, je répondais que je voulais des enfants, mais plus tard, quand j'aurais rencontré le bon mec. Aujourd'hui, j'ai 35 ans et plus tard, c'est maintenant. » Et de poursuivre, lucide : « Depuis quelque temps, je vois le jour fatidique se rapprocher, celui qui va me faire basculer dans la catégorie des 35-49 ans pour les sondages, mais surtout celui à partir duquel, on n'a cessé de me le répéter, je serai de moins en moins bonne à procréer. […] On m'a suffisamment rabâché que c'était le début de la fin pour que j'appréhende comme une folle ce jour qui doit signer l'amorce de mon déclin. »

Accaparées par leurs études, soucieuses de décrocher un travail, faire leurs preuves, s'assurer une carrière à coups de disponibilité, de formations, de voyages, de séjours à l'étranger…

---

1. Myriam Levain, *Et toi, tu t'y mets quand ?*, Flammarion, 2018.

Elles se sont forgé une place à l'instar de modèles féminins de plus en plus médiatisés, parce que cette vie-là est excitante, passionnante. Génération de tous les possibles, préparée à avoir plusieurs métiers, plusieurs amours, à vivre centenaires. Pourquoi paniquer ? Non seulement les bébés ont parfois la bonne idée d'éclore de la façon la plus naturelle qui soit chez telle ou telle proche du même âge, mais – même si elles pensent ne jamais y avoir recours – elles savent aussi vaguement que la société offre des possibilités, que la médecine ne cesse de repousser les limites humaines. Bref, qu'il y aura bien un moyen…

Elles se sentent jeunes. Elles ont raison. Qu'ont-elles à voir avec *La Femme de trente ans* de Balzac ? Alimentation, hygiène, progrès médicaux, soins corporels, sport, mais aussi, ne l'oublions pas, contraception qui permet de ne plus subir de grossesses précoces, répétitives et non désirées, ont changé la donne. Elles ont si bien intégré le « un enfant quand je veux si je veux » de leurs aînées qu'elles le déclinent à leur manière : pourquoi pas le plus tard possible ? Il n'y a plus de « bon âge » pour procréer. Ce qui a longtemps été inconvenant voire honteux – une grossesse à l'âge où leurs aînées pouvaient déjà être grands-mères – est devenu une façon plus ou moins consciente dans notre Occident rompu au jeunisme de prolonger la jouvence. Se dire « je peux encore ». Rester celle capable de porter la vie. Se rire des délais de péremption. Jouer le tout pour le tout avant le diktat de la ménopause, même malgré la ménopause, période à laquelle nos aînées aspiraient afin d'échapper enfin aux grossesses intempestives. Il fut un temps où il ne faisait pas bon devenir mère quand sa propre fille était en âge de l'être. Une mère et une fille qui enfantaient en même temps, c'était inconcevable. Des peuples indigènes jusqu'à nos sociétés, la confusion des générations a longtemps été mal vue. Il y avait cet ordre implicite : la mère devait arrêter de procréer quand ses enfants accédaient à la fécondité, même si elle n'était âgée que d'une trentaine d'années. Le sort de la fille déterminait celui de la mère. Et par ricochet celui du père, qui devait s'abstenir de toute relation sexuelle avec sa conjointe. Transgresser, se retrouver « vieille maman » était un état honteux, considéré comme une indécence, mettant à jour le défaut d'abstinence conjugale[2].

Malgré l'avènement de la contraception, malgré le « rajeunissement » de la femme de 40 ans, la maternité tardive ne bénéficie pas de la même tolérance que la paternité. Dans les années 1980, les maternités après 40 ans étaient encore peu fréquentes : 1,1 % du total des naissances[3]. Aujourd'hui encore, malgré le nombre et la visibilité croissants des femmes enceintes à 40 ans, la réserve perdure. « Sans doute la mauvaise

---

2. Agnès Fine, Véronique Moulinié et Jean-Claude Sangoï, « De mère en fille, la transmission de la fécondité », *L'Homme*, n° 191, EHESS, 2009.

3. Fabienne Daguet, « L'évolution de la fécondité des générations nées de 1917 à 1949 : analyse par rang de naissance et niveau de diplôme », *Population*, vol. 55, 2006.

réputation persistante des maternités tardives, en particulier celle des maternités liées aux procréations médicalement assistées entraînant des décalages générationnels singuliers, est-elle un avatar de cette règle », résume une étude d'anthropologues[4]. Toujours est-il que les remarques qui accompagnent l'annonce de ces grossesses tardives ne manquent pas. On en appelle au psychisme : la mère aura-t-elle la patience requise pour élever un enfant ? Interrogation qu'on ne formulera pas pour une grand-mère vis-à-vis de ses petits-enfants. On en appelle encore et plus souvent au médical : l'enfant sera-t-il « normal » ? La grossesse n'est-elle pas « à risque » ? Et les médecins, sans doute pétris de cet interdit, hésitent et se contredisent : les uns affirment que les risques augmentent avec l'âge (anomalies génétiques pour l'enfant, accidents cardiovasculaires pour la mère...), les autres, que ces grossesses, précisément parce qu'elles sont suivies avec un soin extrême, ne seraient pas si problématiques que ça. Sans doute les discussions, qui se nourrissent d'arguments médicaux sérieux, donnent-elles une nouvelle rationalité à un interdit ancien.

Peut-être faudra-t-il encore quelques années pour que ces représentations mentales cessent d'influencer les femmes. Force est de constater qu'elles sont de plus en plus à se libérer de ces préjugés, qu'un nouveau modèle semble prendre

4. Agnès Fine, Véronique Moulinié et Jean-Claude Sangoï, « De mère en fille, la transmission de la fécondité », *op. cit.*

forme aujourd'hui, qui peut-être deviendra banal dans quelque temps. Mûres mais jeunes dans leur tête et leur corps, elles veulent connaître à leur tour, et même tard, une maternité. Partager ce nouveau pouvoir, abondamment glorifié, il est vrai, dans notre société. Quitte à se tromper sur leur désir, à confondre épanouissement et enfantement obligatoire ? Tout s'embrouille parfois entre désir d'enfant et injonction sociale. Et si l'on essayait d'en démêler l'écheveau ?

Assises face à moi, ce sont des femmes[5] moins conquérantes qui viennent confier leur désarroi. Forcées à un arrêt sur image, obligées d'admettre que leur corps a ses raisons que leur raison a trop longtemps ignorées. Elles s'interrogent, se remémorent ce qui a cloché, ce qui les a rendues si « tardives ». Elles qui sont habituellement dans la maîtrise doivent maintenant, face à l'urgence, affronter l'attente et l'incertitude.

5. Leurs prénoms ont été modifiés.

PARTIE I

ON NE TOMBE PLUS ENCEINTE

CHAPITRE 1

DE LA FILLE-MÈRE À LA MÈRE CÉLIBATAIRE

Dans l'Occident chrétien, la société était fondée sur le mariage. Pour être acceptés, et légitimés par le père, la mère et son enfant devaient s'inscrire dans cette institution.

Malgré tout, jusqu'à la fin du XVIe siècle, les mères non mariées et les enfants naturels issus de ces liaisons sont tolérés. « En sorte que la plupart des familles, aristocratiques ou roturières, étaient parfois nanties d'une parenté illégitime qui, certes, n'avait ni les mêmes droits ni les mêmes devoirs que la légitime, mais n'était pas pour autant ostracisée[1]. » L'avancée de la Contre-Réforme catholique, a fait basculer peu à peu les perceptions de la famille. La parentalité maternelle non-sanctifiée par le mariage participait au désordre, entraînait une faille dans la cohésion de la communauté. Il ne faisait pas bon être mère sans être mariée au XIXe siècle, d'une extrême dureté avec les

1. Françoise Zonabend, Muriel Flis-Trèves (dir.), *Les 100 Mots de la maternité*, « Fille-mère », PUF, 2014, p. 52-53.

femmes qui sortent du cercle patriarcal. Abandonnées à leur sort, elles se retrouvaient livrées à l'opprobre, chassées parfois de la maison, bien obligées d'assumer seules leur maternité, méprisées par la société. « Ces femmes qui ont "chuté", explique Ivan Jablonka[2], sont des femmes en trop, et le sobriquet dont on les affuble signale leur bassesse : la "fille-mère", que sa grossesse condamne à la honte et à la misère ; la "grisette", jeune ouvrière qui se prostitue occasionnellement pour survivre ; la "demi-mondaine", entretenue par de riches amants ; la "vieille fille", moquée parce qu'elle n'est toujours pas mariée à l'âge de 30 ans. Leur exclusion souligne par contraste l'enviable statut de mère de famille, arche de l'institution conjugale. Une femme sur qui ne pèse aucune autorité masculine est une fille perdue. » Si leur conduite « perdue de réputation[3] » leur valait le rejet, la mise à l'écart, leur enfant à naître, lui, était livré le plus souvent à l'abandon. Considéré comme un « bâtard », on l'affublait de sobriquets : « Champi[4] », « Poussin de haies », « Enfant de fille ». Bien sûr, seule la mère était coupable de « légèreté » alors que le père était rarement inquiété ou critiqué pour sa défection.

Ce poids qui pesait seulement sur les femmes, cet opprobre qui les a si longtemps stigmatisées

2. Ivan Jablonka, *Des hommes justes. Du patriarcat aux nouvelles masculinités*, Seuil, 2019.

3. Jacques Gélis, *L'Arbre et le Fruit. La naissance dans l'Occident moderne. XVIe-XIXe siècle*, Fayard, 1984.

4. George Sand, *François le Champi*, 1848. Réédité par Le Livre de Poche, 1976.

n'est pas sans conséquence encore aujourd'hui. Un exemple : l'enquête lancée en décembre 2021 par le Parlement britannique après la plainte de femmes contraintes, dans les années 1960, d'abandonner leur enfant[5]. Elles accusent l'État et les institutions religieuses de les avoir poussées à les faire adopter. Comme au Canada, en Australie, en Nouvelle-Zélande ou en Irlande, des milliers ont été envoyées dans des foyers pour filles-mères où, à peine accouchées, elles ont été séparées de leur bébé, au profit d'une famille qualifiée de parfaite. Trop jeunes, incapables de s'insurger face à cette machine bien huilée ayant des liens étroits avec les agences d'adoption, elles n'ont pu résister. Une cinquantaine d'années plus tard, elles témoignent de leur douleur toujours vive, du terrible arrachement qu'elles ont ressenti au moment où on leur a pris leur enfant, de l'impossible oubli… Cette enquête parlementaire contribue à lever peu à peu le tabou, bien sûr, mais, si la plupart des pays cités, à l'instar du gouvernement irlandais qui a présenté publiquement des excuses en 2021, ont fait leur *maxima culpa*, l'omerta perdure en Grande-Bretagne.

Aujourd'hui, on tombe rarement enceinte sans l'avoir voulu. La grossesse est généralement la concrétisation d'un désir d'enfant, notion absente chez nos aînées. Et si une femme fait un enfant « toute seule », elle n'est plus une « fille-mère », elle est une mère célibataire. Faire un enfant en dehors des liens du mariage n'est plus vraiment un

5. *M. le Magazine*, 18 juin 2022.

problème et certaines femmes seules réalisent ce souhait sans la présence d'un homme à leur côté. Cela, du moins, dans notre monde occidental.

Car dans maints pays encore, l'opprobre est de mise pour celles qui conçoivent un enfant hors mariage. Comme l'a montré la réalisatrice marocaine Maryam Touzani dans *Adam* (2020), un film intimiste inspiré de faits réels. « À 22 ans, après l'université, je suis retournée vivre chez mes parents, a-t-elle raconté[6]. Un jour, une femme non mariée et enceinte de huit mois a frappé à notre porte. Elle était désemparée, n'avait nulle part où aller. Mes parents l'ont accueillie pour qu'elle n'accouche pas dans la rue, et j'ai vécu le dernier mois de sa grossesse à ses côtés. » Marquée par cette future maman et « le sacrifice auquel sa condition l'a contrainte », la réalisatrice a voulu, des années plus tard, parler de ces femmes et de « cette société qui juge et condamne ». Elle le déplore : la situation des mères célibataires n'a pas évolué au Maroc. « Elles sont toujours honnies, comme leurs enfants, sur lesquels pèse officiellement le déshonneur, puisqu'ils sont inscrits comme "nés hors mariage", poursuit-elle. Malgré le travail remarquable d'associations, les avancées juridiques sont timides : il est en effet toujours illégal d'avoir des relations sexuelles hors du cadre marital. »

Dans notre société, il en est tout autrement. Déjà, la femme n'est plus stigmatisée lorsqu'elle n'a pas procréé. Ce qui fut longtemps le cas, car

6. *Elle*, 5 février 2020.

elle se devait d'ajouter un maillon à la chaîne des générations. À défaut, même mariée, on la regardait comme une jeune fille non sortie de l'enfance. Dans certaines civilisations, on allait même jusqu'à, une fois morte, l'enterrer sans honneurs dans le cimetière des enfants[7]. On considérait que la femme qui restait inféconde tuait ses enfants en son sein. Coupable, forcément coupable. On notera que ces mythes et légendes épargnaient toujours l'homme dont la fertilité pouvait être pareillement défaillante. Reste ce sentiment de culpabilité qui perdure puisque, pour beaucoup encore, l'épanouissement personnel ne se conçoit pas, en plus de la réussite professionnelle, sans la maternité.

De même, aujourd'hui, la femme qui fait un enfant toute seule n'est plus honteuse. Elle ne se désole pas de sa grossesse, elle l'a souvent souhaitée ardemment. Elle peut être meurtrie par l'éventuelle défection du père de l'enfant, mais trouver de l'aide ailleurs, s'en passer, plutôt que de vivre une relation insatisfaisante. Pour certaines, l'homme est même absent du projet originel.

Pour la grande majorité, le plus simple bien sûr aurait été de concevoir un enfant naturellement. Mais certaines n'ont pas de compagnon attitré, ni aucune histoire d'amour qui se profile, et le temps passe. Demander à un ami d'être juste un géniteur ? S'adresser à une relation d'un

7. Muriel Flis-Trèves, *Elles veulent un enfant*, Albin Michel, 1998.

soir ? Se tourner vers internet ? Ce n'est pas parce qu'elles n'ont pas de compagnon régulier qu'elles se sentent autorisées à utiliser amis ou inconnus.

Alors ? Attendre encore un peu l'hypothétique rencontre ? Elles savent, vu leur âge, que ce n'est pas prudent, que leur fertilité décline, qu'il va leur falloir prendre une décision. Leur priorité, désormais, c'est l'enfant. La relation amoureuse viendra peut-être après, qui sait ? Elles l'espèrent, elles n'ont rien contre l'amour, rien contre le couple, il se trouve seulement que, forcées d'agir avant qu'il ne soit biologiquement trop tard, elles se résignent à inverser l'ordre familial.

Seules avec un enfant ? Elles se disent pourquoi pas, pour aussitôt prendre peur. Et quand enfin l'idée s'affermit en elles, elle s'accompagne de tourments : ce n'est pas de gaieté de cœur qu'elles vont devoir le faire sans homme[8]. Comment expliquer et vivre l'absence d'un père ? Comment remplacer l'autorité paternelle ?

D'ailleurs, elles ne brandissent pas ce choix en solo comme un étendard. Elles ne l'estiment pas supérieur, elles espèrent seulement que leur sagesse, leur maturité, la conscience de leur responsabilité les aideront à pallier cette vacance. Il se trouve que certaines ont des familles dont les membres sont présents, bienveillants, prêts à jouer un rôle auprès de l'enfant. Quand, d'autres, sont seules, totalement seules, soit parce qu'elles

8. Dominique Mehl, *Maternités solo*, Éditions universitaires européennes, 2016.

n'ont pas de famille, soit parce que la leur ne les soutient pas, ne les comprend pas.

Qu'elles soient esseulées ou entourées, l'inquiétude, la culpabilité aussi les taraudent parfois. « S'il y en a une qui sait l'importance d'un père, c'est moi, nous confie Anne. Le mien était une crème, et tellement important pour nous. Maman, bipolaire, avait du mal à assumer notre éducation, il était là, présent, toujours aimant, et j'aurais tant souhaité rencontrer un homme comme lui. La vie en a décidé autrement. À 37 ans, j'ai compris que si je voulais à mon tour être maman, je ne devais plus l'attendre. Mais à l'idée de recourir au sperme d'un inconnu pour féconder mon ovocyte puis d'élever mon enfant sans père, j'avoue que je n'en menais pas large. C'était trop contraire à mes idéaux, à mes attentes. »

Anne s'en veut. N'est-elle pas un peu responsable de n'avoir pas rencontré à temps le futur père de ses enfants ? Est-ce que quelque chose dans son parcours a failli ? « Oui, je me sens coupable de ne pas accueillir un enfant à deux, admet-elle. J'aurais tellement préféré qu'il ait un père présent. Est-ce que j'ai le droit de l'en priver ? Est-ce que plus tard il ne va pas me le reprocher ? Est-ce que c'est bon pour son équilibre ? Est-ce que je comble un caprice personnel au détriment de mon petit ? » Nombreuses sont les femmes dans la même situation qui craignent et assument en même temps. L'affaiblissement de leur fécondité ayant eu raison de leur indécision, elles finissent par se projeter non contre le modèle parental classique mais malgré lui. Dépassant la déception de ne pas vivre une maternité à deux, elles en viennent à se résoudre à ce parcours singulier. Se rassurent comme elles peuvent. « J'en connais qui ont eu des pères qui n'en étaient pas, soit absents, soit immatures, soit partis, soit morts, me fait remarquer Inès. Leurs mères ont tenu les deux rôles à la fois. Ce n'est pas l'idéal, je vais devoir le faire mais rien ne dit que je ne rencontrerai pas un homme ensuite... Cela dit, je l'avoue, je ne suis pas vraiment au clair avec ça, je donne l'impression d'assumer complètement mais il n'y a pas un jour où je ne me demande si je fais bien, si je suis légitime d'imposer cette situation à mon enfant. Parfois je me demande d'où je tire cette audace-là. Et puis, l'instant d'après, je me fais confiance, j'espère que je vais réussir, que nous allons réussir. » C'est dans cette constante ambivalence que s'insinue leur désir d'enfant. À la différence de leurs aïeules « filles-mères », ce dernier n'est pas le fruit d'une mauvaise surprise.

Projet mûrement réfléchi, s'il n'a rien d'un caprice ou d'une toquade, il perd en légèreté, en insouciance. Combien de fois ai-je entendu : « Sûr que j'aurais préféré une histoire plus simple ! Ce n'est pas vraiment comme cela que j'imaginais ma famille ! » Et pourtant, dans les cours d'école, beaucoup d'enfants seront issus de ces nouvelles cellules familiales, s'ils ne le sont déjà.

CHAPITRE 2

DÉSIR, VOUS AVEZ DIT DÉSIR ?

Le désir d'enfant se manifeste dès la petite enfance, vers 18 mois, dans les deux sexes. Chez la petite fille, ce parcours psychoaffectif est en lien avec le mouvement d'identification à la mère, celle des commencements, celle de la tendresse, celle qui a nourri, porté, caressé, consolé. Ce qui se perçoit bien dans les jeux des enfants comme laver les poupées, leur donner le biberon et cela, quel que soit le sexe. La mère est le premier objet d'amour dont l'enfant se détourne vers 3-4 ans. L'image maternelle des débuts s'efface, plus ou moins temporairement : c'est le début de la phase œdipienne. La petite fille s'écarte de sa mère, lui exprime une forme d'hostilité, elle se tourne un temps vers son père, dont symboliquement elle espère un bébé mais dont elle s'éloignera bien plus tard pour un autre homme. Chez le garçon, le premier objet d'amour reste le même, il va se montrer séducteur à l'égard de sa mère, voulant en quelque sorte se substituer au père. La rivalité avec le père domine à l'adolescence et renforce le lien à la mère. Ne demeurant pas, si tout va bien, dans cette identification maternelle primitive, il s'en détournera et pourra trouver un objet d'amour ailleurs. Ce schéma freudien, toujours prévalent en psychanalyse, domine notre imaginaire.

Mais ce désir d'enfant est-il si linéaire ?

Ne prend-il pas des formes plurielles ?

Répond-il à un souci de perpétuation de notre espèce, de nos gènes ? À un besoin de transmission ?

La question du « désir d'enfant » ne se posait pas il y a une soixantaine d'années. Les enfants venaient souvent trop vite, trop tôt, en trop grand nombre. Avec une meilleure connaissance de ses cycles, la femme a pu tenter de maîtriser sa fécondité, faire l'amour en espérant ne pas tomber enceinte. C'est l'époque des méthodes Ogino, Billings, du *coïtus interruptus*, de la continence sexuelle. Mais c'est surtout avec l'arrivée de la contraception, la pilule mise au point par Gregory Pincus en 1956 aux États-Unis et autorisée en France grâce à la loi Neuwirth en 1967, que la femme a pu différer, s'abstenir, vouloir ou non. La maternité n'était plus forcément un destin. Ni l'enfant, une fatalité. Protégées des « mauvaises surprises », les femmes ont pu se projeter mamans plus tard, à un moment qui leur convenait. Elles en sont venues à oublier le temps qui passe.

Malheureusement, cet acquis a un revers : ne pas concevoir un enfant quand on n'en veut pas n'implique pas obligatoirement qu'il vienne lorsqu'on le veut. Le seul arrêt de la pilule ne suffit pas toujours à tomber enceinte. En même temps que souhaiter une grossesse, il faut arrêter de ne plus la vouloir inconsciemment. Et on a beau décider, le corps n'obéit pas forcément immédiatement, il est à la traîne, parfois paresseux ou freiné par sa biologie, en désaccord avec l'esprit qui, lui, est dans la maîtrise.

Certaines ont du mal à sortir de l'ambivalence. Cette volonté sans cesse parasitée de désirs contraires. Cette envie fulgurante, aussitôt contredite par la peur. C'est ainsi que souvent elles se retrouvent sans enfant presque « par hasard[1] ». « La plupart des jeunes femmes disent volontiers qu'elles espèrent devenir mères, remarque Élisabeth Badinter[2], mais la maternité n'est pas leur préoccupation immédiate. Elles ont le sentiment qu'elles ont tout le temps devant elles et des objectifs prioritaires à satisfaire, comme gagner sa vie, avoir un appartement, faire carrière, trouver le partenaire idéal, profiter d'une liberté agréable. Et, même une fois le partenaire trouvé, même en couple, la décision est remise à plus tard, car il faut être "prêts" ensemble. » Le psychanalyste américain Mardy S. Ireland[3] a appelé ces hommes et ces femmes des *postponers* : ceux qui remettent à plus tard. « En fait, poursuit Élisabeth Badinter, il existe une grande hétérogénéité des expériences de

1. Leslie Lafayette (fondatrice du réseau ChildFree), *Why Don't You Have Kids ?*, Kensington Books, 1995.

2. Élisabeth Badinter, *Le Conflit. La femme et la mère*, Flammarion, 2010.

3. Mardy S. Ireland, *Reconceiving Women*, Guilford Press, 1993.

femmes non stériles et sans enfant [...]. Ni désireuses, ni “refusantes”, pour lesquelles la question de l’enfant a pu passer au second plan puis s’effacer. » Jusqu’à ce que la ménopause entérine la situation. Une forme d’indécision qui finit par valoir décision.

D’autres, les offres de la science aidant, s’autorisent à sortir tardivement de cette indétermination. Lorsque le désir se profile, il s’impose aussi soudainement qu’impérieusement. Elles qui voulaient éviter d’être enceintes parce qu’elles ne le désiraient pas veulent pouvoir être enceintes aussitôt qu’elles le désirent. Et vont, le corps résistant à leur projet, au-devant de déconvenues. Elles multiplient les visites chez le gynécologue, vont d’hystérographie en hystéroscopie pour voir d’où peut venir le problème. Elles quittent le domaine des examens de routine pour se tourner vers des procédés plus sophistiqués.

Lorsqu’il n’est plus possible de procréer avec ses propres ovocytes, le recours au don d’une autre femme est souvent nécessaire pour avoir une descendance. Cette proposition, faite par le médecin, provoque une surprise et un choc émotionnel qu’il est nécessaire d’écouter et de prendre en considération. Les consultations psychologiques avec ces femmes en « mal d’enfant », à qui on annonce qu’elles devront faire appel à un don, permettent d’aller plus loin et d’éclairer leur démarche. Qu’est-ce qui a contrarié jusque-là sa réalisation ? L’ambivalence a sûrement joué son rôle dans cet empêchement, c’est-à-dire le conflit entre le souhait conscient d’une grossesse et le refus involontaire. Ou d'autres incidences : un lien complexe qui les unit à leur propre mère, et celle-ci à la sienne, donc à la transmission ? Un père inconnu ? Absent ? Violent ? Des relations amoureuses inabouties ? Insatisfaisantes ?

En plus de ces questions, la technique médicale, omniprésente et indispensable à la réalisation de ce désir, mise en lumière par les expériences vécues, s'invite aussi dans nos entretiens. Le corps des femmes prend soudain une place prépondérante. Par les traitements, par le nombre de personnes en blouse blanche qui s'en occupent, ce corps si surveillé est rendu transparent. En entretien, elles parlent de cette intrusion médicale acceptée – mais qui malmène le mystère, la pudeur et l'intimité. Un corps privé devenu public ? Force est de reconnaître que le désir d'enfant, scientifiquement aidé, revêt bien des complexités.

Découvrir qu'on ne peut plus tomber enceinte grâce à ses propres ovocytes nécessite légitimement un temps d'adaptation. Cette prise de conscience représente une perte, un deuil à faire de sa fertilité. Ensuite s'élabore le ressenti vis-à-vis du don. Comment est vécu le recours à une autre femme pour engendrer ? Que représente cette autre femme ? Que signifie l'ovocyte dans l'imaginaire de la receveuse ? Quel sera le lien avec la donneuse ? Comment l'enfant va-t-il le vivre ? Doit-on lui dire la vérité sur sa procréation ? Cet enfant sera-t-il le sien, celui de la donneuse ? Lui ressemblera-t-il ? Toutes ces questions doivent pouvoir se poser en entretien.

Recourir à un don, c'est accepter de renoncer à un enfant qui est génétiquement le sien, c'est rompre la filiation biologique. Même si, on le sait, une grande partie des traits de la personnalité peuvent être acquis, c'est faire le deuil de la lignée, se résoudre à ce que son enfant n'ait pas, par exemple, le tempérament solaire de sa grand-mère, le physique avenant de son propre père, etc. C'est aussi couper court à la dette des générations, qui voulait que « la vie n'était pas un cadeau gratuit, mais portait en soi l'exigence de transmettre ce qui a été donné et de reconnaître que le don de vie, à la fois prometteur d'immortalité et de mort, implique une dette qui circule de mère en fille[4] ». Pour certaines, il s'agit d'une perspective douloureuse. Quand pour d'autres, comme Sophie, cette rupture de la filiation est plutôt bien accueillie. « Je peux même dire que pour moi ce fut un soulagement. À se demander – et nous travaillons avec ma psy là-dessus – si je n'ai pas inconsciemment désiré un enfant si tard afin d'être obligée de recourir à un don extérieur. Savoir que les gènes de mon enfant n'ont rien à voir avec ceux de mon père, qui a bousillé mon enfance, me réjouit franchement. » La PMA devient alors un compromis acceptable.

Certaines femmes « tardives » arrivent chez le psychanalyste dans un état de désarroi profond. Rattrapées par leur âge, confrontées subitement à la réalité du temps passé, elles en viennent à se demander « À qui la faute ? À quoi ? ». À

4. Monique Bydlowski, *La Dette de vie*, PUF, 1997.

chercher une raison, un coupable. Pour un peu elles en voudraient à leur pilule, plus précisément à la part d'ombre de la pilule. Car si elle les a libérées, si elle leur a permis tant de joyeuse insouciance, elle les a aussi piégées, ou tout au moins plongées dans une inconscience, une forme d'anesthésie par rapport à la course du temps. La découverte de leur fertilité amoindrie provoque souvent un choc. Comme si d'un coup elles percevaient ce que chacun d'entre nous essaie d'oublier : elles ne sont pas éternelles. Alors, elles se referment sur elles-mêmes, se désintéressent de leurs activités quotidiennes, travail, loisirs, vie affective et bien sûr intime. Ce choc se traduit aussi par un rejet d'elles-mêmes, par un sentiment de manque, comparable à l'abandon. Elles se sentent trahies dans leur corps. Commence alors une période d'asthénie, de pleurs fréquents. Et un besoin de parler, de comprendre. Le traumatisme peut être si grand que la femme est happée par la vacuité perçue de son corps, de sa raison d'être. Elle se sent amputée d'une partie d'elle-même, voire de sa féminité tout entière et ne peut s'y résoudre. Les femmes qui viennent consulter attendent de nos entretiens un moyen de dépasser cette « fatalité » et la force d'envisager une solution.

Même attente chez celles qui, conscientes de leur âge et de la faiblesse de leur fécondité, rêvent d'impossible. Pour elles, pas de découverte subite d'une horloge biologique capricieuse, mais une nouvelle disponibilité sentimentale, psychique, qui les pousse à envisager un enfant, malgré tout.

Persuadées qu'il y va de leur accomplissement. Leur collègue de travail, leur frère n'ont-ils pas été pères sur le tard ? Pourquoi pas elles ? Celles-ci sont souvent convaincues que les avancées techniques leur permettront de réaliser ce projet d'enfant.

Chapitre 3

Faut-il en finir avec le complexe d'Œdipe ?

L'idée de faire un enfant toute seule a fait son chemin. Le législateur l'a bien compris. La loi bioéthique du 2 août 2021 stipule : « Les femmes seules ou en couple de femmes peuvent demander à bénéficier d'un don de sperme ou d'embryon [...]. L'autoconservation des gamètes (sperme et ovocytes) est ouverte à tous, sans raison médicale. »

Plus d'une année après son application, un premier bilan se dégage : « Alors que l'on a beaucoup parlé de l'ouverture de la procréation médicalement assistée aux couples de femmes, plus de la moitié des nouvelles demandes émanent de femmes seules. Elles sont majoritaires[1]. » De fait, au premier trimestre 2022, sur les 5 126 demandes de nouvelles candidates à la PMA, 53 % concernaient des femmes seules, 47 % des couples de lesbiennes. Il n'en reste pas moins que les femmes ne s'engagent pas dans cette démarche

1. Emmanuelle Cortot-Boucher, *Le Figaro*, 29 juin 2022.

sans prendre le temps de réfléchir, d'évaluer les difficultés. Dont une – majeure – qu'elles outrepassent mais qui les préoccupe : l'absence de père. Elles se questionnent sur le modèle familial qu'elles vont proposer à leurs enfants, dans lequel l'image masculine sera absente, où l'autorité paternelle ne s'exprimera pas de la même façon[2].

Certains psychanalystes et psychiatres ont alerté sur les risques de disparition ou d'effacement du père.

On sait combien le complexe d'Œdipe théorisé par Freud au XIXe siècle est un concept essentiel en psychanalyse. Œdipe, prince légendaire grec devenu le meurtrier de son père et l'époux de sa mère : ce mythe a servi à Freud pour illustrer le désir amoureux que l'enfant, entre 3 et 5 ans, éprouve à l'égard du parent du sexe opposé. Jusqu'à considérer l'autre parent comme un rival à éliminer.

Par exemple : un petit garçon qui, alors que ses parents se tiennent la main en marchant dans la forêt, vient les détacher pour prendre la main de sa mère. Une petite fille qui, le soir, déboule dans la chambre conjugale et annonce « c'est moi qui dors avec papa » ou claironne à qui veut l'entendre « quand je serai grande, je serai la femme de papa » : pas d'effroi, c'est l'Œdipe ! Livres,

---

2. L'accès à la connaissance du géniteur (donneur·se de gamètes) est désormais possible. À compter du 1er septembre 2022, les donneurs et donneuses de gamètes doivent consentir à la communication d'informations non identifiantes et identifiantes ; s'ils refusent, leur don n'est pas accepté. *(Note des auteures.)*

magazines, psychologues, tout le monde le connaît ou semble connaître ce complexe freudien, chacun pointe sa pertinence, assorti de cette recommandation aux parents : parler à l'enfant, l'aider à canaliser ses émotions, lui fixer des limites claires afin de contrer cette volonté de toute-puissance et briser le mouvement incestuel. Voilà pour la théorie, communément admise.

Que résume fort bien le psychanalyste Juan-David Nasio : « L'Œdipe est une affaire de corps, de désir, de fantasmes et de plaisir – pas de sentiment et de tendresse. C'est l'expérience d'un enfant d'environ 4 ans qui, dépassé par un désir sexuel irrésistible, doit apprendre à ajuster le désir aux limites de son corps immature, aux limites de sa conscience encore embryonnaire, aux limites de sa propre peur, et aux limites enfin de la Loi qui lui ordonne d'élire un objet sexuel autre que ses parents. L'essentiel de la crise œdipienne consiste à apprendre à canaliser ce désir débordant. C'est la première fois dans notre vie que nous devons accepter douloureusement que notre désir sexuel ne pourra jamais se réaliser pleinement[3]. »

À noter que ce complexe concerne tous les enfants, qu'ils vivent dans une famille classique, monoparentale, recomposée, homoparentale, qu'ils soient des abandonnés, orphelins ou adoptés.

Si, pour les psychanalystes, l'instance paternelle incarne principalement la loi et l'autorité,

3. Juan-David Nasio, *L'Œdipe*, collection « Désir », Payot, 2005.

pour d'autres, cependant, cette conception ne correspond plus à la réalité d'aujourd'hui, même si elle continue d'imprégner les représentations. L'Œdipe a-t-il toujours un caractère d'universalité alors que cette incarnation du père comme symbole d'autorité vacille ? Procréations médicalement assistées (PMA), questions de genre, remise en cause des normes familiales…

Comment désormais, et sous quelles modalités, le rôle « séparateur » peut-il s'exercer ? Ces nouvelles – et de plus en plus nombreuses – configurations familiales vont faire apparaître d'autres modes de liens, de façons d'être. Et sans doute inventer leurs propres tiers séparateurs. L'Œdipe ne constituerait plus exclusivement la norme. Faut-il obligatoirement un père et une mère pour élever un enfant ? Les enfants auront-ils à se débrouiller dans leur évolution sans entrer dans le modèle conceptualisé par Freud ? Ou bien le scénario œdipien se déclinera-t-il autrement ? Comme le note Laurie Laufer : « La question de l'Œdipe est bien plus complexe que cela. L'anthropologie et la sociologie nous permettent de comprendre qu'il y a une multiplicité de formes de familles possibles[4]. » Des relais pourraient faire « office de père », « une autre personne pour laquelle l'enfant éprouve un tendre attachement et dont il dépend, un beau-père, une belle-mère, une puéricultrice à la garderie, un instituteur, un parrain ou une tante qui lui sont très

---

4. Laurie Laufer (auteure de *Vers une psychanalyse émancipée. Renouer avec la subversion*, La Découverte, 2022), *Le Monde*, samedi 13 août 2022.

proches... introduisant du “tiers”. Dans tous les cas, il est important que l’enfant sente qu’il n’est pas “tout” pour son parent, que ce dernier désire ailleurs[5] ».

L’Œdipe soulève la question du désir face à l’autre, celle des limites. Avec de nouvelles conséquences que l’on pourra peut-être observer dans l’évolution de ces enfants. Verra-t-on un accroissement des cas d’hyperactifs, tout-puissants, intolérants à la frustration ? Ou bien gagneront-ils une vivacité, une curiosité plus affirmée, une soif de savoir et une créativité inédite ?

C’est à nous, psychanalystes, d’apprendre des femmes, des hommes dans la société d’aujourd’hui, d’être sensibles et ouverts à d’autres discours. Le monde vit, bouge, change. Freud disait qu’il fallait « réinventer la psychanalyse en permanence ».

---

5. Juan-David Nasio, *L’Œdipe*, *op. cit.*

Partie II

Parcours tardifs

Chapitre 1

Ce que les femmes en disent

Héloïse n'est pas parvenue à construire sa vie avec un homme. Enfant sous la férule d'un père violent et d'une mère dominée, il lui a fallu du temps pour se réparer, pour que la petite fille apeurée en elle devienne une adulte et ressente un jour le désir d'être mère...

Laurence invoque un métier passionnant, une carrière dont elle est fière, pour expliquer ce temps qui est passé trop vite, avant d'en venir à mettre en cause la mauvaise image qu'elle a longtemps eue d'elle-même, véhiculée par sa mère. Dur d'aimer quelqu'un quand on ne se sent pas digne d'amour. Sans homme, sans enfant, l'âge venant, elle a soudain ressenti un désir impérieux...

Aretha a longtemps cultivé un rêve, qui peut sembler étrange et qui l'a poussée dans une direction insolite, mais a malgré tout réussi à enfin devenir mère...

Chez Camille, pas d'enfance bousculée, une éducation sereine au sein d'une famille traditionnelle. Une famille qu'elle s'est toujours promis de créer à son tour. Mais Camille ressemble aux femmes de notre époque : libre, indépendante, voulant diriger son destin et vivre mille expériences avant la maternité. Jusqu'au jour où l'envie d'être maman est devenue plus forte…

Sabine est longtemps restée la petite fille de ses parents, celle qui ne posait pas de problèmes, celle qu'on a préféré maintenir dans l'enfance. Plus tard, à force de laisser les autres décider de sa vie, elle a du mal à contrer la passivité de son conjoint. Ils ont fini par réagir, mais il leur a fallu se faire aider…

Judith s'est soudain sentie en mal de transmission. De son patronyme, de son héritage familial. Plus que le manque maternel, c'est le désir de prolonger l'histoire des siens qui l'a amenée vers l'enfantement.

Quelques chemins. Non pas des exemples, mais des femmes d'aujourd'hui, longtemps empêchées dans leur filiation, qui ont vu leur désir s'épanouir sur le tard.

CHAPITRE 2

HÉLOÏSE : « JE NE ME FAISAIS PAS CONFIANCE »

Héloïse parle cash. Elle aime associer maternité et réparation. Franche Héloïse. Sereine aussi. Ne pas se fier pourtant à ses yeux bleus, sa blondeur, son élégance calme, posée, Héloïse revient de loin. « Si j'ai une certaine intelligence qui me porte, et une certaine force, je suis aussi une petite fille apeurée, abîmée. Il y a cette ambivalence en moi. » Côté pile : un cursus intellectuel solide, des diplômes prestigieux, un bon job, un appartement confortable dans un beau quartier et… un petit garçon craquant. Côté face : une enfance dure, éprouvante. Héloïse est née il y a quarante-cinq ans. Fille unique, sa mère avait avorté sept fois avant elle. Non qu'elle ne désirât pas d'enfant, mais elle se heurtait à chaque fois à l'opposition de son mari. « Opposition », le mot est faible : violences, cris, menaces, coups… Un quotidien de despotisme, insoupçonnable de l'extérieur : l'homme, bien inséré dans sa province, était connu pour ses positions humanistes… Si, selon Héloïse, il n'a frappé sa mère qu'une seule fois au début de leur mariage (elle l'aurait menacé de le quitter s'il recommençait et il aurait reporté sa furie sur le mobilier de la maison), c'est elle, leur enfant, qui ensuite a écopé de « la terreur paternelle ». En plus du poste de télévision qui valsait à la moindre contrariété, la gamine non désirée prenait sa brassée de coups. « J'étais tout le temps en alerte. Sa violence pouvait tomber à n'importe quel moment pour la moindre broutille. » L'enfance se transforme en champ de mines. Il faut éviter de titiller la susceptibilité du père, ne pas dégoupiller sa colère, ne pas le contrer, ne pas exister. « J'étais couleur papier peint. J'étais une enfant pas là. » Face à cet homme dénué de fibre paternelle, elle apprend à grandir sans dialogue. « Durant toute mon enfance, il ne m'a jamais adressé la parole. Les gens ne me croient pas quand je dis ça, mais c'est vrai. Je dînais en face de lui tous les soirs et il ne me parlait pas. Bien sûr, il ne m'a jamais prise dans ses bras. Je n'étais pas intéressante pour lui. » Pour sa mère, à l'inverse, Héloïse était quelqu'un de précieux. Dans cette atmosphère lourde, elle devenait sa consolation, voire sa confidente, quand elle a été en âge de comprendre. Quitte à oublier son rôle de protectrice. « Ma mère était fusionnelle avec moi, on ne peut plus aimante. Mais, en même temps, elle laissait faire mon père. Je pense qu'elle était fascinée par lui, amoureuse encore, et qu'elle n'a pas eu la force et le courage que j'ai eus. Elle avait aussi fait ce calcul – elle me l'a dit à demi-mot : “Je n'aurais pas pu t'offrir de telles études si j'avais quitté ton père.” Ma mère avait pourtant un métier, un diplôme, elle était indépendante financièrement. » Un jour, alors qu'Héloïse demandait gentiment de baisser la musique – elle faisait ses devoirs –, son père l'a saisie par le cou et balancée du haut de l'escalier. Blessée, fracturée, la fillette s'est tant bien que mal retirée seule dans sa chambre. Sa mère mettra plusieurs heures à l'y rejoindre, et aura ce soupir : « Il est malade, tu sais bien… »

Pas question, dans ces conditions, d'avoir une mauvaise note à l'école, encore moins de redoubler une classe. La crainte d'attirer les foudres autant que l'envie de ne pas prolonger cette vie traumatisante faisaient d'Héloïse une très bonne élève : « Réussir, ce n'était pas mériter la fierté de mes parents, c'était être tranquille. Tant que j'étais bonne élève, on me laissait en paix. Les études ont été ma porte de sortie. » De Sciences Po aux universités américaines les plus cotées, Héloïse a toujours été en pole position. Au prix de beaucoup d'énergie, de temps, de concentration. Au détriment de sa vie personnelle aussi : « Pendant longtemps, mon inconscient m'a dicté "les hommes sont dangereux". Ceux que j'ai rencontrés ne me frappaient pas mais ils ne me traitaient pas bien non plus. Disons qu'ils ne m'ont pas considérée. Soit ils se contentaient de me donner des miettes, soit ils me cachaient qu'ils avaient quelqu'un d'autre. J'étais maltraitée d'une autre façon. » Pendant ses études, elle rencontre celui qui sera son unique mari. Après l'emballement amoureux, la déconvenue est rapide, elle découvre qu'il est manipulateur – le genre qui la rabaisse, la fait douter d'elle – et qu'il la trompe aussi. Au bout de quatre ans de vie conjugale, ils divorcent. « Je pense que si je n'avais pas eu un père comme le mien, je n'aurais pas choisi cet homme. Inconsciemment je me suis mise dans une situation que je connaissais déjà. C'était une petite musique à laquelle j'étais habituée. Je pensais que l'amour c'était ça… » Ne pas compter pour un père, ne pas compter pour un homme… « Quand on ne vous apprend pas que vous êtes précieux et que vous ne grandissez pas en étant une personne, vous avez du mal à vous évaluer vous-même, à penser que vous valez quelque chose, à mériter le respect. » Des répétitions mortifères qui la blessent et commencent à l'alarmer. Héloïse décide de cesser de souffrir et vient consulter.

Autour d'Héloïse, des enfants naissent, mais elle ne se sent pas encore concernée : « Une amie qui m'annonçait qu'elle était enceinte, pour moi c'était comme une girafe attendant un petit, ça ne m'intéressait pas. C'était sans affect, je ne ressentais ni jalousie ni défaitisme, ce n'était pas ma vie, c'est tout. Enfant et même ado, je ne disais pas "plus tard, j'aurai des enfants". Trentenaire, ça a continué. J'ai été ce qu'on peut appeler une lente… » Soit, mais il n'a pas fallu longtemps à Héloïse pour mettre le doigt sur ce qui pouvait expliquer cette indifférence, cette lenteur. « Je ne me faisais pas confiance. Il y a cette malédiction qui pèse sur les enfants maltraités : tu es maltraité, tu seras maltraitant. J'ai mis du temps à comprendre que je pouvais me faire confiance et penser : ce n'est pas parce que tu as vécu ça que tu vas le reproduire. Non, tu n'es pas comme eux. »

Jour après jour, séance après séance, Héloïse avance. Des souvenirs pénibles, douloureux reviennent. Elle met des mots sur des non-dits, sa vision d'elle-même se modifie. Elle en vient à s'interroger sur le désir d'enfant de sa mère : « Si, après sept avortements, elle a fait en sorte que je naisse, c'est bien que j'ai été désirée, moi. » De quoi se sentir de plus en plus précieuse, importante. Elle se verrait bien amoureuse, commence à envier ses amies qui sont en couple, plus que leur maternité. Et puis, à l'aube de ses 37 ans, soudain, il en est autrement : « J'ai eu un désir, nouveau, impérieux, de maternité. Au point de me bouffer la vie. La question de l'enfant était devenue si prégnante que même si j'étais sans relation affective, je voulais me lancer. Je m'autorisais cette fois à y penser. Tout cela est dû à mon cheminement, au fait que je me sois enfin et si tardivement fait confiance. »

Héloïse fait la paix avec l'enfant meurtrie qu'elle était. Désormais, elle arrive à dire que, petite, elle était intéressante, « aimable ». Que ce sont les adultes qui se devaient de l'aimer qui n'ont pas su le faire. Qu'elle n'était pas responsable de l'animosité et de la colère de son père. En récupérant son estime, c'est comme si elle n'était plus victime, comme si elle redémarrait sa vie, comme si elle se remettait en état.

Une amie lui demande si elle a pensé à faire un enfant toute seule. L'idée, qui lui aurait paru farfelue quelques années auparavant, la séduit cette fois. Elle s'entend répondre : « Non seulement je me sens capable de le faire, mais ça devient même une urgence. » Volontaire et studieuse comme à son habitude, elle lit tous les articles, tous les livres consacrés à ce sujet, se renseigne sur internet, déniche un gynécologue spécialiste de l'infertilité, prend rendez-vous, passe des examens. Verdict : « Il m'a dit que mon bilan de fertilité était extrêmement bon. Et m'a envoyée en Espagne dans une clinique spécialisée dans les fécondations *in vitro* qui les autorise aux femmes seules. » Sur place, on lui confirme que ses ovocytes sont de bonne qualité. La proposition d'une insémination avec donneur ne la surprend pas mais, arrivée au pied du mur, les doutes affluent. Elle me raconte un rêve qui l'avait troublée à l'époque : elle se trouve dans une pièce sombre où elle fait l'amour avec des hommes inconnus dont elle tombe enceinte. Un rêve à l'aune de sa crainte : ne pas savoir avec qui on fait un bébé, se retrouver avec un enfant qui ressemblera à quelqu'un qu'on ne connaît pas. Cette peur la pousse à aller en Angleterre parce que, là-bas, le don n'est pas anonyme. En revanche, il y a une chose qu'elle ne peut envisager seule, c'est l'accouchement. « J'ai demandé à un ami très proche d'être là. » Quand elle a enfin tenu dans ses bras son petit garçon blond aux yeux bleus, comme ceux du donneur, « ça a tout de suite été une évidence ». Aucun trait commun avec son père à elle, aussi brun que violent. À se demander si elle n'a pas choisi cette façon de procréer pour ne pas prolonger sa filiation génétique… « Avec cette maternité, souffle-t-elle, je répare mon histoire. Je corrige, en quelque sorte, mon arbre généalogique. »

CHAPITRE 3

LAURENCE : D'UN AVORTEMENT MAL VÉCU À UNE MATERNITÉ DÉSIRÉE

Elle n'a jamais trop le temps de souffler, de s'interroger. Laurence est l'archétype de la *working girl* célibataire qui a bâti son petit empire à la force de sa seule persévérance. À 49 ans aujourd'hui, elle jouit de tous les attributs de la femme qui a réussi : start-up florissante, bel appartement haussmannien, relations, confort financier. Et une petite fille de 7 ans, Pauline, désirée et arrivée sur le tard, grâce à une PMA en Espagne. À la question pivot de ce livre : pourquoi Pauline est-elle venue si tard ? Laurence a cette réponse quasi automatique : « J'ai eu une vie professionnelle intense. J'étais sans cesse en voyage. Et puis je me suis retrouvée licenciée à près de 40 ans d'une boîte où j'avais un poste important, il m'a fallu repartir de zéro. Et on ne crée pas sa structure en bossant trente-cinq heures par semaine… » Le travail. Soit. Mais encore ? Nul besoin de la pousser dans ses retranchements. « La vraie raison, poursuit-elle, c'est que je me suis laissé porter. Et puis, je n'ai jamais été obnubilée par les enfants. » Et *quid* du temps qui passe ? De la fameuse horloge biologique ? « Je n'ai pas ressenti cette angoisse. Une forme d'inconscience peut-être… » Elle argue aussi qu'aucun de ses proches, ni sa sœur ni sa mère ne lui auraient fait les réflexions habituelles du type : « Tu sais, il faudrait peut-être y songer, ne pas trop tarder… » « Cela dit, je suis quelqu'un d'assez réservé, pas le genre à me confier, il n'était peut-être pas facile non plus d'aborder le sujet avec moi… » Laurence lâche dans la foulée : « Je n'avais pas de papa en vue. J'ai eu des relations mais qui n'étaient pas forcément propices à la construction. J'ai sans doute eu tort de m'accrocher coûte que coûte à ces histoires, j'ai perdu du temps. Je pense qu'inconsciemment, je faisais tout pour ne pas choisir les hommes qu'il fallait. » Puis : « J'ai toujours eu peur de me mettre en couple. J'ai toujours eu peur de devenir une mère comme ma mère. »

Laurence est issue d'une vieille famille de pieds-noirs. Ses parents ont subi l'exil et ont dû repartir de zéro en métropole. « J'ai beaucoup d'admiration pour mon père. Il a perdu tous ses biens, il s'est retrouvé en France dans une petite chambre, a travaillé comme un dingue sans jamais se plaindre. Il a reconstruit notre famille, oncles et tantes compris, dont certains passablement traumatisés. Il a énormément travaillé pour nous offrir une vie agréable. » Forte d'un tel exemple, Laurence a vite intégré que dans la vie, il suffisait de se retrousser les manches, ce qu'elle a toujours fait. Études brillantes, étapes professionnelles gravies une à une, le tout sans compter ses heures. Laurence n'a pas fait rougir son père. Sa mère, en revanche, a été plus difficile à satisfaire : « J'étais bonne élève, mais ça ne lui suffisait pas. Elle était dure, sévère, du genre à me punir pour un oui pour un non. Je n'étais jamais assez brillante, pas assez belle non plus. Toujours dans la comparaison, elle n'a pas cessé de me faire des réflexions blessantes. » Quand, à 20 ans, Laurence tombe folle amoureuse de Pierre, elle a la naïveté de penser que ses parents vont bien l'accueillir. Las, il n'est pas de leur milieu, ils refusent de le rencontrer. « Maman ne m'a pas parlé pendant un an. » Résultat : quand elle tombe enceinte de ce garçon, Laurence n'a pas la force de lutter contre l'hostilité maternelle. Elle ne garde pas l'enfant et la relation s'étiole.

Depuis cet avortement causé par le refus de ses parents, Laurence semble prise dans un schéma de répétition. Toutes ses relations tournent au fiasco. Comme si elle ne voulait pas risquer un autre rejet familial. Elle a beau avoir dépassé 30 ans, elle reste une petite fille obéissante. Dans une famille où il y a visiblement peu de pression pour se caser et enfanter.

Le temps passe. À 35 ans, elle vit pour la première fois avec un homme mais la volonté d'avoir un enfant ne se dessine pas. « Je ne le sentais pas prêt mais je ne l'étais sans doute pas non plus... Il a fini par rencontrer une autre nana, j'ai mis trois, quatre ans à m'en remettre. » De quoi réalimenter ce sentiment douloureux : « J'étais donc vraiment moche, inintéressante. »

La voici de nouveau célibataire, fraîchement licenciée, et hantée par une nouvelle inquiétude : celle de ne pas être maman. « “Les femmes qui veulent vraiment des enfants, elles en ont”, m’a dit ma sœur. Certes, mais comment faire sans homme ? J’ai soudainement pris conscience que la question n’était pas là et qu’il fallait que j’agisse seule. Je n’étais plus toute jeune, il me fallait mettre toutes les chances de mon côté. » Laurence sort de sa léthargie, se renseigne, prend contact avec l’Espagne, se fait congeler ses ovocytes. Parallèlement, elle entreprend un travail psychothérapeutique pour mieux comprendre ce désir tardif de maternité, son chemin passé, son projet futur, et ne pas reproduire les schémas maternels. « J’avais besoin de bénéficier d’une écoute féminine bienveillante. »

Dès la première séance, Laurence, avec son esprit synthétique de femme d’affaires, expose sa situation, professionnelle comme affective. Très vite se dessine ce contraste entre la richesse de la première et le vide de la seconde. Elle en convient et en souffre : sa vie sentimentale est un désert. Elle confie qu’elle se sent complexée, qu’elle n’oserait pas, à cause de son embonpoint, se montrer nue devant un homme, questionne sa relation insatisfaisante avec sa mère qui n’arrête pas de la houspiller sur son poids et, surtout, elle parle de son désir d’enfant qui, d’entretien en entretien, ne cesse de s’affirmer. Comme une coïncidence, elle apprend que Pierre, son grand amour de jeunesse qu’elle n’a jamais perdu de vue, est en plein divorce. Il a beau habiter à l’étranger avec femme et enfants, il n’a pas oublié

Laurence et lui souhaite son anniversaire tous les ans. Elle se prend alors à imaginer qu'il pourrait se passer quelque chose entre eux. Elle le relance, ils se revoient et, peu à peu, elle en vient à lui confier son regret de ne pas avoir d'enfant. Il devine qu'elle espère plus de lui qu'il n'est prêt à donner, si bien qu'il lui fait d'emblée comprendre qu'il n'est pas amoureux, qu'elle ne doit pas s'attendre à une relation avec lui. Mais – est-ce la culpabilité de l'avortement passé ? – il ne lui ferme pas sa porte. À mesure qu'elle lui raconte son cheminement pour avoir un enfant, Pierre en vient à proposer de l'aider. Il décide de l'accompagner en Espagne et de lui donner ses spermatozoïdes. Au bout de la troisième fécondation *in vitro*, Laurence tombe enceinte.

Sept ans plus tard, Pauline la comble, mais Laurence n'a jamais formé un couple avec son géniteur. Reparti vivre à l'étranger, Pierre prend de leurs nouvelles régulièrement, passe voir leur fille quand il est à Paris, assume une partie financière. Il envisagerait de la reconnaître…

CHAPITRE 4

ARETHA : LE DÉSIR D'UNE TRIBU

Aretha parle avec affection des « étrangers » qui lui ont permis d'avoir son enfant. « Un homme et une femme généreux m'ont fait un sacré cadeau. » Elle les évoque sans détour : « Je sais que le donneur est probablement scandinave avec des yeux clairs. Que la donneuse a exactement mon phénotype, mêmes yeux, cheveux, taille, poids, et qu'elle est plus jeune que moi. Il y a de grandes chances que ce soit une infirmière ou une étudiante, en tout cas une femme active qui a déjà des enfants. Ce doit être une belle âme. Si je devais les rencontrer l'un et l'autre, je leur dirais juste un mot : merci. »

Aretha, 43 ans, enseignante, sait ce qu'elle doit à ces inconnus qui, dans un laboratoire espagnol, ont donné leurs gamètes. Non seulement elle est reconnaissante mais cette aventure lui correspond plus qu'à d'autres. Il se trouve que depuis longtemps Aretha a un rêve de famille singulière : loin de souhaiter une cellule homogène, elle a toujours caressé le désir d'une tribu plus large où la recomposition entre enfants et beaux-enfants est joyeuse.

Aretha raconte son enfance et revisite ses drames. Son père mort d'une chute en montagne alors qu'elle avait 5 ans. Sa mère qui se remarie quatre ans plus tard avec un homme… particulier. Ni parâtre, ni violent, ni intrusif. Mais lointain, indifférent. « Bizarrement, ma mère et mon beau-père n'ont rien construit ensemble, nous confie-t-elle. Ils n'ont pas eu d'enfant, ils ne se sont jamais mariés ; ça encore, c'est leur droit, mais le plus étonnant c'est qu'ils n'ont jamais rien mis en commun de leur vie. Les enfants de mon beau-père, par exemple, moi, je rêvais de les voir, de mieux les connaître, mais ils ne venaient jamais à la maison ; on n'a jamais fêté de Noël tous ensemble, on n'a jamais souhaité d'anniversaire. On n'avait pas de voiture, de vacances communes. Tout était cloisonné. J'ai trouvé ça extrêmement triste, pour eux mais aussi pour nous. »

Une situation qui lui a laissé une terrible frustration. Elle a cette formule qui résume tout : « Nous étions une famille recomposée mais pas une vraie famille. » Au point de se faire cette promesse : « Quand je serai adulte, je ne ferai pas cela. » Elle ne veut pas de cette sécheresse, de cette froideur, une famille recomposée, oui, mais idéale, chaleureuse. Ce qui n'exclut pas les difficultés, les portes qui claquent, tout plutôt que l'indifférence. « La famille recomposée, je la trouve riche, je la trouve plurielle, je la trouve intéressante, pittoresque, biscornue, moins lisse en tout cas que celle de *La Petite Maison dans la prairie*. Pourquoi, je ne sais pas. Reste que je me suis toujours dit que je ne ferais pas un couple sans faire une famille recomposée. Parce qu'un couple recomposé, c'est comme tous les couples, il y a des hauts et des bas, alors qu'une famille c'est quelque chose qui peut vaciller mais qui fait du bien. C'est une entité solide. » Forte de cette conviction, Aretha, après avoir parcouru le monde pour ses études et ses premiers jobs, n'a rien trouvé de plus naturel, la trentaine venue, que de tomber amoureuse d'hommes déjà papas… « À un dîner, j'ai rencontré Matthieu. Il avait douze ans de plus que moi, il était en plein divorce après quinze ans de mariage, quatre enfants, dont un hémophile. Jusqu'à présent, j'étais toujours sortie avec des hommes de mon âge, c'était léger, insouciant, et là, je me retrouvais avec un papa, chargé d'enfants jeunes dont un fragile ! Je ne suis pas tombée tout de suite sous son charme, je le trouvais moche et trop vieux, mais j'ai aimé sa façon de parler des siens. » Elle finit par accepter de le voir, de le revoir, et Cupidon fait le reste. La voilà belle-mère, une jeune belle-mère parfaite comme elle aurait aimé que son beau-père soit avec elle. « Me retrouver une semaine sur deux avec quatre enfants en bas âge, j'ai adoré. Je m'entendais très bien avec eux, avec leur mère aussi. On était nombreux à la maison, c'était mon idée du bonheur. » Ce goût pour la maternité par procuration a déclenché chez elle l'envie d'être maman à son tour. « Matthieu m'a appris la famille. J'ai ressenti le désir d'avoir un enfant de lui. Je le lui ai dit très vite, histoire de ne pas le prendre en traître : “Je pourrais comprendre que tu hésites à avoir un autre enfant, tu en as déjà quatre dont un qui demande plus d’attention.” Il m’a tout de suite répondu que nous en aurions, un jour, mais, pour l’instant, nous devions consolider notre ébauche de famille. J’étais d’accord. Et puis les mois ont passé, les enfants ont commencé à demander un petit frère ou une petite sœur. » Au moment de chercher un appartement plus grand, Matthieu finit par lui lâcher que, finalement, il ne veut plus d’enfant. C’est un grand choc pour elle. Le cœur gros, elle rompt. Elle a 35 ans : « Je savais que le temps avançait, que j’entrais dans la zone rouge. J’étais tellement malheureuse de cette rupture, je n’allais pas me coller dans les bras du premier venu, et encore moins pour faire un enfant. Après dix mois à pleurer, je me suis dit : “Tu veux un enfant, quelles sont tes options ?” J’ai commencé à me renseigner sur la congélation d’ovocytes. » Aretha se rend en Espagne pour une première vitrification, puis une seconde. Une quinzaine d’ovocytes en tout l’attendent, au cas où… La voilà plus tranquille. Mais il lui manque toujours un père et rares sont les hommes prêts à se reproduire dès la première œillade. « Je me suis rendu compte que j’arrivais à l’âge où l’on rencontre de plus en plus d’hommes qui ont déjà des enfants, et que souvent ils se méfiaient, même si je ne demandais rien. Dès le début, le sujet venait sur le tapis. Ils me questionnaient : “Est-ce que tu as envie d’avoir des enfants ?” Moi, j’ai toujours dit la vérité, et ça ne voulait pas forcément dire avec eux. C'est horrible, parce que ça biaise tout. »

Aretha a 39 ans quand elle rencontre un père de deux enfants, dont un atteint de la maladie de Crohn. Même fascination pour une famille déjà construite, même sensation de trouver sa place dans ce rôle de mère – et d'infirmière. Jusqu'au moment où elle aborde le sujet qui fâche : sa propre maternité… Nouvelle rupture, nouvelle déconvenue. Ses 40 ans se profilent, l'envie d'enfant se fait plus pressante que jamais. Et si elle passait à la vitesse supérieure ? Surmontant ses déceptions, elle retourne en Espagne, se résout à faire appel à un donneur anonyme. Son enfant n'aura pas pour père un homme connu et aimé, mais celui qui naîtra de ce sperme sera peut-être chéri un jour par un autre. Aretha est partie pour construire une famille recomposée, sa famille recomposée. Celle qu'elle a toujours idéalisée.

Aujourd'hui, à 42 ans, elle est mère célibataire, mais elle se jure que ce statut n'est que temporaire : « Je finirai bien par l'avoir, ma famille recomposée. Avec qui, je n'en sais rien… »

CHAPITRE 5

CAMILLE :
« ET SI JE L'AVAIS RENCONTRÉ PLUS TÔT ? »

La première chose qu'elle évoque, c'est sa course contre le temps. Elle court, Camille. Tout juste si elle a pu trouver une heure à nous consacrer. Passionnée par son métier, dont elle est fière et aime parler – Camille est interprète internationale. Après des études qui l'ont conduite à vivre dans plusieurs pays, elle a beaucoup travaillé à l'étranger sans compter ses heures. « À l'âge où normalement on a un mari et des enfants, j'avais une vie très occupée. Mais je me suis toujours dit au fond de moi qu'un jour j'aurais une famille, ça faisait partie de l'image d'Épinal que j'avais en tête, d'un équilibre obligé. Mais je ne tombais pas amoureuse. Je n'avais pas non plus beaucoup de temps pour construire une relation. »

Camille court mais elle n'est pas inconsciente. Elle sait, elle sent, que son corps lui aussi prend de l'âge. À 36 ans, elle décide de faire un test de réserve ovarienne. « J'étais préoccupée : je n'avais pas d'amoureux, il fallait que je sache si mon corps fonctionnait. Dans l'attente des résultats, j'ai tout d'un coup imaginé le pire. Et si on m'annonçait que pour moi, c'était foutu ? Que la vie dont je rêvais pouvait ne pas arriver ? Finalement, mes ovocytes allaient très bien, ouf... » Il n'en reste pas moins que ces quelques jours dans l'incertitude ont été suffisamment angoissants pour provoquer un déclic : « Cela a confirmé mon désir d'enfant et de famille. J'ai décidé de congeler mes ovocytes en Angleterre, où je vivais. On m'en a prélevé vingt-neuf. » Elle a alors 37 ans. « Je ne les ai pas utilisés pendant quatre ans mais le fait de savoir qu'ils étaient remisés quelque part, au froid, et qu'à tout moment je pouvais utiliser ces gages de ma fertilité m'a apaisée. Ils étaient là comme une potentialité d'enfant. » Camille continue sa vie frénétique, enchaîne quelques histoires d'amour sans lendemain et, à 41 ans, après des vacances en Grèce d'où elle rentre en forme, reposée, elle se sent prête. « C'était maintenant ou jamais. Je m'étais déjà renseignée auprès de la clinique, j'avais trouvé un donneur. En Angleterre, on peut demander une photo. Je sais donc à quoi le donneur ressemble, je connais aussi ses goûts. J'ai choisi quelqu'un que j'aurais pu rencontrer et apprécier ; nous aimons la même musique, par exemple. » Camille retourne donc dans cette clinique au mois de janvier. C'est un moment fort dont elle se souviendra longtemps. « J'étais en salle d'opération avec mon médecin quand, au moment du transfert d'embryon, il me lance : "Bon, alors, on en met combien ?" Un, docteur ! Un seul. Vous savez, je suis célibataire, des jumeaux c'est un peu compliqué… Il me répond : “Vous êtes sûre ? Parce qu'à votre âge, à plus de 40 ans…” J'avais une seconde pour réfléchir, je me suis projetée dix ans plus tard : est-ce que tu te préfères avec deux enfants ou sans ? Ça n'a pas été long, j'ai tranché : deux, et je lui ai dit : “Allez-y !” »

Quelques semaines plus tard, à une soirée, Camille rencontre un homme qui s'intéresse à elle et qui, pour une fois, l'intéresse. Même si elle le trouve un peu trop classique au premier abord, elle découvre peu à peu son originalité et se prend à avoir envie de le revoir. « Nous n'en étions évidemment pas encore à tirer des plans sur la comète ensemble mais c'est à cette période que j'ai appris que j'étais enceinte de jumelles ! Tout naturellement, j'ai eu envie de le lui dire. Je lui ai raconté le processus, mon désir impérieux, etc. Il a été un peu surpris mais il a bien réagi. Il m'a dit qu'il me trouvait incroyable, et il l'a été aussi puisqu'il a choisi de rester à mes côtés. Il a suivi toute la grossesse, et il était là à l'accouchement. Il est là tout court. Je pense qu'il va faire la démarche pour les adopter et nous projetons de nous marier. » Il arrive à Camille de penser que ç'aurait pu être plus simple si elle avait rencontré Gilles plus tôt : « Je regrette un peu que les jumelles ne soient pas les siennes. Et aujourd'hui, je me dis que j'aimerais avoir un enfant avec lui… Mais nous sommes raisonnables : à nous deux, avec ses enfants et les miens, nous avons déjà de quoi nous occuper ! »

Chapitre 6

Sabine : la trop gentille petite fille

Sept ans qu'elle espère. Sept ans qu'elle se bat pour devenir maman. Sabine est de celles qui d'ordinaire se font un devoir de toujours paraître insouciantes, gaies, primesautières. Qui préfèrent s'intéresser aux autres plutôt que de se répandre. Comme une politesse. Comme une habitude surtout de toujours s'oublier. Mais là, fini, Sabine ne peut plus, ne veut plus donner le change. Elle est venue déposer ses chagrins, sa fatigue après des mois de fécondations *in vitro* infructueuses, ses espoirs déçus, ses rancœurs aussi. Elle le sent confusément, cette maternité à laquelle elle aspire tant n'échoue pas sans raison. Elle veut comprendre, mettre les mots sur ce qui bloque, vaincre les résistances inconscientes qui l'empêchent d'être mère, cesser de se battre en vain. Et seule. Sabine a pourtant un homme dans sa vie avec lequel elle vit depuis dix ans. Mais un homme effacé. Ou, pour être plus précise, un homme qu'elle se contraint à effacer, par peur de chagriner ses parents juifs religieux car Christophe est chrétien. Impensable que leur Sabine puisse avoir un amoureux qui ne partage pas leurs convictions.

À moins qu'il soit tout simplement impensable qu'elle puisse avoir un amoureux tout court. Au fil des séances, Sabine en vient d'elle-même à formuler le contentieux familial qui paralyse son intimité et la place singulière qui est la sienne. « J'étais "le petit colibri" de mon papa parce que je parlais, chantais, piapiatais sans cesse. Ma sœur aînée, elle, était l'adulte, le clone de maman, la petite femme de papa. D'ailleurs, il aimait sortir avec elle, était fier de sa féminité. Le troisième et dernier était un garçon, sur qui reposait la transmission du nom. J'étais au milieu, sans aucun rôle à assumer, on attendait simplement de moi que je sois gaie, amusante, affectueuse. Ma passion, c'était les animaux. On habitait près de chez un vétérinaire en Tunisie, j'y étais toujours fourrée. Vaches, chèvres, oiseaux, chats, chiens… je passais mon temps à les câliner. Je les aimais follement. J'ai besoin d'aimer. » Sabine a grandi dans cette bulle confortable. « On me laissait pousser tranquille. J'aidais ma chienne à mettre bas, je m'occupais de ses petits, en fait j'avais mes enfants, ma famille. » La vraie, l'humaine, est particulière. Une mère issue d'une dynastie de rabbins, charismatique mais égocentrique, capricieuse. Un père qu'elle qualifie volontiers de « macho à l'ancienne », craint par ses enfants. Conformément à la tradition juive, la maman de Sabine s'abstient de dormir avec son mari lorsqu'elle a ses règles. Mais comme il déteste dormir seul, il a pris une habitude aberrante : quelques jours par mois, Sabine doit dormir à ses côtés. *A priori*, nulle déviance incestueuse dans ce rapprochement nocturne, mais elle en garde un souvenir oppressant. Le sentiment confus qu'elle n'est pas à sa place. Et cela dure jusqu'à la puberté.

Une puberté qui d'ailleurs se fait attendre. « J'ai eu mes règles à 18 ans. Je ne m'en inquiétais pas. Mes parents non plus. Et puis aller voir un gynécologue à cette époque en Tunisie, ce n'était pas trop dans les mœurs... » Un jour, tout de même, sa mère s'alarme de ce retard. Elle en parle à Sabine. « Quinze jours après mes règles sont arrivées ! » Rien qui ne bouleverse de fond en comble la féminité naissante de la jeune femme. Les émois de son âge ? « J'étais à cent lieues de tout cela ! Pour tout arranger, j'avais de l'acné et mon père refusait que je prenne un traitement. Je pense qu'il voulait que je reste son éternelle petite fille. Pas étonnant que je sois restée vierge si longtemps ! » Puis, comme se parlant à elle-même : « Franchement on ne m'a pas aidée, on ne m'a pas appris à m'ouvrir à la vie. Oh lala, j'espère que je ne vais pas élever mon fils comme ça ! »

Alors qu'elle achève sa terminale en Tunisie, sa mère l'oblige à accompagner son père en France où il vient d'obtenir un poste. Il lui faut quelqu'un les premiers mois pour faire office de fée du logis et préparer la venue des autres. Sabine, toujours gentille, toujours de bonne humeur, se retrouve donc loin de sa patrie pour tenir le ménage, « leur » ménage à tous les deux. Cuisine, courses, lessives. Et pas seulement. Il s'agit aussi de raser son père, de lui couper les cheveux, de lui épiler les poils de nez et d'oreille.

Des scènes répétitives qui, rien qu'à les évoquer, suscitent toujours en elle un profond dégoût. Elle s'y plie par obéissance aveugle à sa mère. Cette femme exigeante, coquette, envahissante, toujours sur son trente et un, apprécie sans doute que sa cadette ne lui fasse pas d'ombre. Sabine ne sait pas jouer, elle, des colifichets, vêtements, talons hauts et autres attributs féminins ; encore aujourd'hui, à l'inverse de sa mère, elle a une élégance sobre et effacée. Une façon de se libérer, de ne plus jamais être la « petite épouse » de son papa.

Sabine a 22 ans quand, naïvement, elle présente à son père le premier garçon qui s'intéresse à elle. Il le salue à peine et, une fois le soupirant parti, lâche à sa fille : « Mais qu'est-ce que tu fais avec ce garçon ? » À l'époque, Sabine se dit que cet accueil tient au fait que le jeune homme en question n'est pas juif, mais, quinze ans plus tard, elle avance cette supposition : « Je crois que "garçon" suffisait à l'agacer. Je devais rester une enfant, son enfant, il n'était pas question que je prenne mon envol. » Pas question de toute façon de contrecarrer les désirs de ses parents. « Le jour où je me suis fait couper les cheveux sans leur aval, je devais avoir 26 ans, ma mère, épouvantée, m'a lancé : "Mais qu'est-ce que tu as fait de tes jolies boucles, tu n'avais que ça de beau !" Parce que, même ça, c'était géré par elle. Pour une fois, j'agissais contre ses désirs. Pour une fois j'acceptais de ne pas lui demander l'autorisation, ni de tenir compte de son avis. En fait, mes parents m'avaient tronqué les ailes et je l'ai accepté pendant des années comme si c'était ça le bonheur. Je vais vous dire un truc qui va vous scier : je n'avais même pas de compte en banque ! Mon père m'avait rétorqué : "Mais qu'est-ce que tu as besoin d'un compte !" Et le pire, c'est que je trouvais ça normal. Plus j'y pense, plus je réalise que, derrière mes sourires et ma candeur, j'étais malheureuse. »

Mais revenons au temps. « Je ne l'ai pas vu passer, ma famille seule remplissait ma vie et mon espace. Je ne cherchais qu'à satisfaire mon père, faire plaisir à ma mère, seconder ma sœur avec sa petite fille. Si l'un ou l'autre me demandait un service, une course, tous passaient avant mes désirs. Voilà comment je me suis éveillée tard à moi-même et à la maternité. Et encore, travailler sur moi a résolu bien des problèmes ! Cela aurait pu continuer comme cela des années et des années. En fait, c'est comme si j'étais née à 40 ans. »

Sabine, qui a passé sa vie à être une mère pour tous, n'est pas de celles qui n'ont jamais pensé à l'être un jour. Au contraire. « À l'âge de 12 ans, je m'étais promis que plus tard j'aurais six enfants, dont un adopté ! La maternité, pour moi c'était l'image du plaisir, de la joie. Je vivais en Tunisie, nous avions deux bonnes, du personnel pour conduire et aller chercher les enfants à l'école, leur faire à manger. Être maman, si je me réfère à ma mère, c'était se faire belle, aller chez le coiffeur, avoir un mari qui vous fait de jolis cadeaux... Bref, c'était chouette. Et à 40 ans, je n'avais toujours pas d'enfant en vue ! »

Et d'ajouter dans un souffle : « Il faut dire que Christophe ne m'a pas beaucoup poussée non plus... »

Ce n'est pas que son compagnon, qu'elle a fini par rencontrer à 34 ans, et avec lequel elle a longtemps fait appartements séparés, ne voulait pas d'enfant. C'est qu'il n'a jamais exprimé son désir. Il est si facile alors de ne pas prendre la vraie mesure du temps qui passe. « L'horloge biologique ? La question ne me préoccupait pas. Mes amis, mes vrais amis, me disaient "il faudrait peut-être que tu y penses...", mais je répondais avec un grand sourire : "Ça va venir, ça va venir ; je n'ai que 35 ans, tout va bien se passer." Je n'en doutais pas. Et puis, il y a tout de même eu un moment, après mon quarantième anniversaire, où j'ai commencé à avoir envie d'un enfant. Encore, c'est venu parce qu'un médecin, ma gynéco, m'a mis la pression. C'est fou, non ? Si, comme les hommes, j'avais pu faire des enfants sur le tard, j'aurais attendu que le bon Dieu veuille m'en donner. Pourquoi se prendre la tête ? Malheureusement, mon corps n'était pas comme ma tête, il avançait à un autre rythme... Quand mon médecin me répétait : "Vous savez, la fécondité baisse à partir de 38 ans", ce n'est pas que je ne l'écoutais pas, c'est que je pensais que ça ne me concernait pas. Pour moi, il n'y avait aucune raison que ça ne marche pas un jour. » À l'écouter, on pense à ce qu'écrivait Élisabeth Badinter[1] sur ces femmes qui ne sont ni

1. Voir p. 37.

désireuses ni « refusantes », mais chez qui la question de l'enfant passe au second plan. Sans doute Sabine avait-elle d'autres choses plus importantes à régler dans sa vie avant d'envisager la maternité : se construire, s'affirmer, grandir. N'est-ce pas ce qu'elle a fait, inconsciemment, en se choisissant un fiancé susceptible de déplaire à ses parents ? « Je me suis sans doute mise avec lui pour les faire bisquer, convient-elle. Je leur ai fait comprendre que ce serait lui ou rien du tout ! Et j'ai tenu, je n'ai pas rompu comme ils le souhaitaient. Par contre, je ne suis pas tombée enceinte. Est-ce parce que mon père ne voulait pas rencontrer l'homme que j'avais choisi, moi ? Avec Christophe on a dû attendre près de dix ans pour qu'enfin il accepte. Je n'ai pas eu mes six enfants à cause de son refus ! » Et aussi, s'empresse-t-elle de nuancer, « parce que Christophe n'était pas un moteur sur ce plan ». Pas pressé, le Christophe. « Ce n'était pas vraiment un vieux garçon, il avait eu des copines avant moi, mais il n'avait jamais vécu avec une femme, personne ne lui avait jamais mis la pression pour envisager des projets communs… J'ai fini par forcer ma nature, par impulser un mouvement, je lui ai fait comprendre qu'il fallait qu'on emménage ensemble. J'avais déjà 41 ans ! » Il y a des regrets, de l'amertume dans sa voix : « J'étais dans les nuages, c'est vrai, mais si un homme m'avait dit “écoute, je t'aime, je veux un enfant de toi”, ça aurait sans doute changé les choses. Si Christophe m'avait un peu ouvert les yeux, je me serais sûrement dit : “Tu as raison, moi qui ai toujours voulu avoir des enfants !" » Le quitter ? Sabine n'y a pas songé, même s'il lui est arrivé de le regretter depuis. « J'étais bien avec lui et puis je savais que c'était quelqu'un de sûr, de droit. Longtemps on a joué une sorte de valse à deux temps. On se voyait, on ne se voyait pas. Il maîtrisait la situation, ne la maîtrisait plus. Ou s'en désintéressait. »

Sabine, enfin préoccupée par elle-même, sort de sa passivité et s'impatiente de l'inertie de Christophe. Puisque rien ne vient naturellement, ne faudrait-il pas passer à la vitesse supérieure ? L'adoption ? « À 40 ans, c'est trop tard, se dit-elle alors. Et, pour moi, c'était inimaginable. Ce que je voulais, c'était porter un enfant. À cette période j'ai commencé à comprendre que peut-être je ne réussirais jamais à en avoir, que je ne serais jamais maman, et ça, ça me faisait beaucoup de peine. »

C'est donc sur ces considérations qu'elle entreprend un travail sur elle-même. Progressivement, elle renonce à répondre aux requêtes et aux appels permanents de sa famille. « Peu à peu j'ai repris possession de mon esprit, de mon corps, je suis devenue plus indépendante, moins conciliante. Fini de traverser Paris en tous sens pour le brushing de ma sœur, pour la couleur de ma mère ou les courses de mon père. »

La nouvelle détermination de Sabine est contagieuse, Christophe finit par accepter de l'accompagner chez la gynécologue, puis à l'hôpital pour les fécondations et lors de ses prises de sang. « J'ai commencé le traitement de PMA, c'était vraiment fatigant, et stressant. À deux reprises, j'ai cru que ça allait marcher, mais la première fois j'ai fait une fausse couche et, la seconde, j'ai dû subir une interruption médicale de grossesse : à l'échographie, on s'est rendu compte que le cœur battait trop lentement. J'avais appris que j'étais enceinte un 14 février, le jour de la fête des amoureux. Christophe avait été aux petits soins pour moi. Après cette IMG, il a vraiment souffert. »

Sabine a 42 ans mais, pour une fois, les deux amoureux sont au diapason. Cet enfant, ils le veulent. Ils le regrettent. Sur le divan, Sabine ne cache plus ses larmes, d'autant qu'elle redoute la suite. Le nouvel horizon qui s'ouvre à elle. On lui en a déjà parlé bien sûr : recourir à un don d'ovocytes. Accepter de ne pas être toute seule pour donner la vie. Pour Sabine, c'est dur. Mais si c'est le seul moyen, elle doit le saisir. Sa future maternité commence par un renoncement. Jamais elle n'a eu tant besoin de se faire aider, de parler. Comme la plupart des femmes qui ont recours à un don d'ovocytes, mille questions lui traversent l'esprit. Cette femme, cette donneuse, qui est-elle ? À quoi peut-elle bien ressembler ? Comment accepter que les gènes de cette inconnue soient fécondés par les gamètes de son compagnon ? D'où viendra cet enfant qui n'aura pas son patrimoine biologique ?

Vivre au mieux le don, accueillir l'enfant né de cette construction, tout cela demande un long travail psychique, rude et éprouvant. Le temps que la métamorphose s'opère dans le cœur de la future maman, le temps que la donneuse ne soit plus perçue comme une concurrente, une adversaire, mais comme une bienfaitrice, une bonne fée qui a permis d'exaucer son vœu le plus cher.

Sabine chemine et, ce faisant, entame les fécondations dans une clinique en Espagne. « J'avais déjà fait une tentative sans résultat. J'en refais une autre, à Valence. Je me souviens, c'était la veille des fêtes pascales. Mon père, à cette époque encore, ne voulait pas entendre parler de Christophe. » Mais ce coup-ci, son frère et sa sœur, conscients de sa détresse, tiennent tête à leur père : soit tu rencontres Christophe, soit tu te passes de notre présence à tous lors des prochaines fêtes familiales. Acculé, le père a fini par lâcher : « Eh bien qu'il vienne ! » Christophe est accueilli comme si de rien n'était par ce père tant redouté. Il le tutoie, lui parle comme s'il l'avait quitté la veille. Pas plus compliqué que cela, finalement... « On était début avril. Le 1er mai, je fais ma prise de sang : je suis enceinte ! »

Enceinte, comblée. Sa grossesse lui va bien au teint. Ce n'est pas juste une façon de parler. Tant de femmes, et même celles qui ont mis des années à l'obtenir, ont une grossesse difficile, se plaignent de nausées, de maux de tête, de fatigue... Pas Sabine, qui aime tout de cette période, chaque transformation, chaque kilo pris. Elle resplendit de féminité et guette le moindre mouvement du bébé, l'accueille dans une exaltation sereine. « J'ai eu une grossesse fabuleuse, raconte-t-elle. D'abord, je ne me suis ni arrêtée de travailler, ni allongée. À 45 ans, ma grossesse était pourtant à hauts risques. Je n'ai eu ni diabète ni malaises.

Je n'ai pris que treize kilos que j'ai perdus un an après. Pour des raisons de disponibilité de mon obstétricien, on a dû avancer la date de l'accouchement. Quand on m'a annoncé le jour prévu, j'ai frissonné : c'était celui de l'anniversaire de mon père ! » L'accouchement se passe bien. Sabine va jusqu'à glorifier la césarienne qu'on doit finalement lui faire, car la cicatrice restera comme une preuve gravée sur son ventre qu'elle a bien été enceinte, qu'elle aussi a payé de sa chair. C'est le temps du bonheur complet, inénarrable. « C'est tellement incroyable de pouvoir tenir son enfant dans ses bras ! »

Chapitre 7

Judith ou le besoin de perpétuer l'histoire familiale

Et si j'avais eu une autre attitude... Et si je ne m'étais pas laissé porter par les événements... Et si, et si... Judith est de celles qui se battent sans cesse la coulpe. « C'est dans mon caractère, prévient-elle, je passe mon temps à m'en vouloir. » Pas tous les jours, heureusement. Il y a des matins où elle regarde sa fille de 5 ans avec amour et fierté. Mais il y en a aussi où ses problèmes de couple altèrent son moral. Depuis plus de dix ans, elle partage, sans vraiment partager, la vie d'un homme « avec lequel rien n'est simple ». Dix ans qu'il est plus le père de leur petite Léa qu'un compagnon aimant, mais, affirme-t-elle, « je ne me voyais pas avoir un enfant sans père ». Judith s'est pourtant longtemps vue sans enfant tout court. D'autres priorités se sont imposées. « Je voulais d'abord me concentrer sur mon travail, être indépendante financièrement. » Comme ses parents. « Mon père et ma mère étaient des gens modestes, des petits commerçants qui n'ont jamais compté leurs heures. Ils étaient droits, ouverts aux autres et très affectueux avec moi. »

Judith n'a que des mots positifs pour parler de ceux qui l'ont adulée. Fille unique, longtemps espérée – « ils m'ont attendue dix ans » –, elle n'a jamais souffert de ne pas avoir de frères et sœurs, mais se demande si cette cellule chaleureuse ne l'a pas fragilisée. « J'ai été tellement aimée que j'ai eu du mal ensuite à me confronter à la réalité. Surtout quand il m'a fallu prendre mon envol et gagner ma vie. J'ai été une bonne élève à la fac mais comme je n'étais pas diplômée des meilleures écoles, j'ai dû travailler deux fois plus pour obtenir le poste que j'ai aujourd'hui. Rien ne m'a été donné. Durant mes études, je suis tombée amoureuse, nous sommes sortis près de six ans ensemble, mais je ne songeais pas encore à avoir un enfant, le plus important était de faire mes preuves dans mon boulot. Quand je me suis sentie prête, il est devenu carriériste à son tour et a accepté un gros poste à Londres. C'est de là-bas qu'il m'a annoncé que c'était fini. Ça a été très dur, j'ai pleuré des mois et des mois. Je n'arrêtais pas de dire à ma mère que ma vie était foutue. Aujourd'hui encore il m'arrive de penser que c'est ma faute, que j'ai raté l'homme de ma vie, que j'aurais dû faire un enfant avec lui plutôt que de tout miser sur ma vie professionnelle. Pour ne pas y penser je travaillais tout le temps, week-ends compris. Bref, j'allais mal. J'aurais dû me faire aider par un psy… »

Sa trentaine, Judith en parle comme d'une suite d'*annus horribilis*. « J'ai accumulé les chagrins. J'avais adopté deux chiots que j'adorais, les deux sont morts à six mois d'écart. L'été suivant à la campagne, je suis tombée sur une petite boule de poils, une chatte abandonnée. Entre nous deux, ça a tout de suite été très fort. C'est à croire qu'elle m'attendait et que je l'attendais, on se parlait d'âme à âme. Grâce à elle, j'ai retrouvé un peu de joie de vivre mais, à peine rentrée chez moi, j'ai senti en la caressant qu'elle avait un truc bizarre au niveau des reins. Opération, chimiothérapie... elle n'a pas survécu. Mon moral était au trente-sixième dessous, je suis devenue insupportable à vivre au bureau tant j'étais fermée, dure, et voilà qu'en quelques semaines, mon père, qui venait juste de prendre sa retraite, s'éteint d'un cancer du poumon ! » Une série noire qui laisse Judith anéantie. Et, une fois de plus, percluse de mauvaise conscience : « J'avais pleuré ma chatte comme personne ne pleure ses animaux ! D'autres en souffrent aussi, bien sûr, mais de là à mettre leur vie en suspens comme je l'ai fait... Quand je vous dis que j'aurais dû me faire aider... Résultat, lorsque mon père est parti, je n'avais plus de larmes, plus de forces, je m'en veux de l'avoir négligé, lui. »

Un plan de licenciement se profile dans sa boîte malmenée par la crise des *subprimes* : « Dans l'état où je me trouvais, j'étais incapable de me battre, et puis j'étais tellement cassante avec tout le monde que personne n'a songé à me tendre la main ou à me défendre. Une fois de plus, j'ai donné des verges pour me faire battre. » Elle se retrouve donc seule à mener une action auprès des prud'hommes et à régler la succession de son père. « Sentimentalement, j'étais en jachère.

Quand j'ai commencé à me sentir trop seule, j'ai tenté les sites de rencontres, mais ça m'a vite saoulée. » Les deuils, le chômage, un temps infini devant elle, une seule occupation : aider sa mère à déménager dans un plus petit espace. L'occasion de trier avec elle les affaires paternelles et de replonger dans un monde méconnu. « Je savais, bien sûr, qu'il venait d'une famille de juifs ashkénazes ; petite, j'avais vu mon grand-père faire le Yom Kippour mais, après sa mort alors que j'avais 10 ans, tout ça a disparu, mes parents n'étaient pas du tout religieux. À la maison, il était même interdit de parler de nos origines et d'observer un quelconque rite, il fallait s'assimiler avant tout. La peur que les horreurs du passé recommencent, sans doute… Mais moi, ce secret, ce silence m'intriguaient. Pour des raisons professionnelles, j'allais souvent en Israël, et ce pays m'attirait inexplicablement. C'est d'ailleurs ce qui m'a permis de retrouver un job : ma connaissance de la région a été déterminante pour mon embauche. Peu à peu j'ai remonté la pente, et, discrètement, sans en parler à ma mère, j'ai fait des recherches sur mes ancêtres. Je me suis aperçue que j'étais la dernière à porter notre patronyme, qu'après moi, il n'y aurait plus personne, pas un cousin, pas un enfant avec le nom de mes grands-parents. »

Judith aborde le deuxième versant de sa trentaine avec une seule envie : être amoureuse. « J'ai bien eu une liaison avec un homme marié qui m'avait promis qu'il quitterait sa femme, mais j'ai fini par déchanter. Même si j'ai pleuré, cette petite aventure m'a servie, j'étais trop encroûtée dans mon célibat, ça m'a réchauffé les sens. » Elle s'est alors rendu compte qu'un collègue de travail la regardait de façon assidue. Encore un homme marié. Mais vraiment sur le point de divorcer, celui-ci. Judith ne lui trouve pas grand charme mais l'obstination de Jacques finira par porter ses fruits. D'autant que Judith est de plus en plus torturée par cette idée qu'elle sera la dernière à porter son patronyme, qu'elle n'aura personne à qui transmettre leur histoire. « C'est à ce moment-là qu'une amie plus jeune m'a annoncé sa grossesse… Je ne pensais pas que ça me ferait un effet pareil ! Je me suis mise à l'envier… » Judith et Jacques en sont au tout début de leur relation. Par honnêteté, elle lui avoue au bout de quelques semaines qu'elle a envie désormais de devenir maman et qu'elle songe à arrêter la contraception si leur histoire dure. Elle a plus de 40 ans mais elle est bien décidée à rattraper son retard. Elle qui jurait préférer les animaux aux enfants est folle de joie quand, quelques mois plus tard, on lui apprend qu'elle est enceinte. « Cela faisait longtemps qu'on ne m'avait pas vue si souriante, si épanouie. Moi-même je ne me reconnaissais pas. » De quoi occulter sa relation avec Jacques : « Dès le départ, ça a été chaotique entre nous. Pendant les premiers temps j'étais trop aveuglée par ce désir d'enfant pour le voir, mais c'est vite devenu exécrable. On est vraiment chien et chat. » La fausse couche qui a suivi n'a pas aidé. Mais à 40 ans, Judith n'allait pas rencontrer un autre père potentiel d'un coup de baguette magique, alors autant continuer avec Jacques… « Je suis allée consulter un spécialiste, j'ai appris que j'avais presque le même taux hormonal qu'une femme ménopausée. On a essayé de me stimuler, mais d'examens en interventions, on est arrivé à ce diagnostic : mes ovocytes étaient HS. Je me suis écroulée. Je n'allais pas pouvoir transmettre nos gènes, toute l'histoire de mes grands-parents déportés serait perdue, ce n'était pas possible… »

Judith n'oubliera jamais le jour où elle a entendu parler pour la première fois de « don d'ovocytes ». « C'était la seule possibilité, me répétait-on. » C'est à ce moment-là qu'elle décide d'entreprendre une psychothérapie pour apprivoiser le projet qui se présente à elle. « Je n'arrêtais pas de me poser des questions : qu'est-ce que cet enfant aura de moi ? Quelle est la part de l'inné et de l'acquis ? Cet enfant né du sperme d'un père non juif et d'un ovocyte qui n'est pas le mien, que je charge de prolonger ma lignée familiale, se souciera-t-il de tout ça ? Ma mère me répétait : “Tu vas le porter, le nourrir avec ton sang, l'aimer, il sera le tien…” En fait, ce qui l'inquiétait, c'était moins que j'aie recours à un ovocyte extérieur qu'au sperme de Jacques. Mais je ne conçois pas de faire un enfant sans père. » Les voyages en Espagne se succèdent, les traitements, les vérifications en laboratoire à Paris, les échographies aussi. « C'est extrêmement contraignant, et encore j'avais la chance de pouvoir disposer de mes horaires, je me demande comment une salariée dans un bureau peut faire… Mes séances de psy m'ont aidée à ne pas quitter

Jacques. Dieu sait si j'en avais envie, mais il me fallait continuer ce que j'avais entrepris avec lui sinon j'allais m'en vouloir toute ma vie. »

Judith a 44 ans quand le transfert d'embryon prend enfin : la voilà enceinte. Une grossesse surveillée mais sans problème particulier. « Au travail, je n'ai rien dit de mon recours au don et personne n'a tiqué vu mon âge. On m'a simplement dit : “Eh bien, tu dois avoir un bon terreau !” Quant à Jacques, qui avait pourtant accepté de donner son sperme, il a été exécrable durant toute la grossesse. Ce qui m'a encore plus déterminée à faire une déclaration prénatale pour que mon enfant porte mon nom. » Léa a aujourd'hui 5 ans. Dès qu'elle l'a prise dans ses bras, Judith lui a raconté sa conception, puis elle a continué à l'aide de petits livres pour enfant. Comprend-elle ? Sans doute pas encore, mais Judith a bien l'intention de ne pas lui cacher la vérité. « Il me reste deux angoisses récurrentes. Lui imposer cette relation parentale qui est tout sauf sereine – il ne se passe pas un jour sans que je me dise que je devrais quitter Jacques – et je redoute que cette soif de transmission qui m'a poussée à la vouloir la laisse plus tard totalement indifférente… Et puis je me calme et je me dis que si ce n'est pas elle, ce sera un jour l'un de ses enfants qui s'intéressera à notre histoire. Je fais confiance à la vie. »

Chapitre 8

Les *late bloomers*[1] : une maternité (encore ardue) d'aujourd'hui

« Il y a deux ans, comme le font les gens raisonnables quand ils sont au fond du trou, j'ai consulté une voyante qui m'a fait cette surprenante révélation : "Il ne faut pas vous inquiéter, vous êtes une *late bloomer*, tout va vous arriver plus tard dans la vie !" Selon elle, je n'avais rien raté, je prenais juste mon temps. J'étais en train de grandir, de m'enrichir, de pousser comme une plante en milieu de saison. Et surtout, un jour c'est sûr, le sens allait se révéler à moi. J'ai retroussé mes manches, j'ai creusé pour déterrer les peurs, les croyances et les injonctions qui m'empêchaient d'avancer, j'ai semé les nouvelles graines qui allaient me faire éclore. Il n'y a ni âge, ni sexe, ni origine, ni taille, ni poids pour être *late bloomer*[2]. » Elles sont de plus en plus nombreuses comme l'écrivaine Catherine Taret, non

1. *Late bloomer* : « éclosion sur le tard ».
2. Catherine Taret, *Il n'est jamais trop tard pour éclore*, Flammarion, 2017.

pas, espérons-le, à consulter des voyants, mais à vivre une « floraison » sur le tard. Ce fut le cas pour Héloïse, Sabine, Laurence, Camille, Aretha… qui se sont enfin autorisées à être mères à l'approche de la quarantaine. Accaparées par des contingences matérielles, soumises à leur arbre généalogique, tributaires de charges familiales, occupées à réaliser les rêves de quelqu'un d'autre, les raisons du « retard » des femmes sont variées, comme le sont celles des hommes qui deviennent père à un âge mûr. Mais elles sont femmes justement et il ne faut pas se leurrer : être une *late bloomer* dans notre société, c'est être pointée du doigt : « Pourquoi ne s'y est-elle pas prise plus tôt ? », « Il y a un temps pour tout », « On ne peut pas rattraper le temps perdu, il faut vous faire une raison ». Jusque dans les laboratoires et les cabinets médicaux où leur démarche n'est pas toujours bien perçue. Combien se sont entendu reprocher de ne pas prendre la mesure de leur âge ? De ne pas se réveiller à temps ? De ne pas assez s'angoisser quand, coupables de sérénité, elles avaient seulement besoin de laisser du temps au temps ?

Le temps qui passe, une donnée qui ne fait pas bon ménage avec le statut de femme. Petites phrases assassines prononcées au cours des examens, indélicatesses blessantes, indifférence involontaire des médecins qui occultent parfois la douleur psychologique et physique infligée aux femmes. En plus du parcours du combattant que représentent les traitements lourds, chronophages et éprouvants.

« J'avais 39 ans quand j'ai commencé le cycle des prises de sang, raconte Hermine[3]. Je me souviens de mon nom claironné tout fort en salle d'attente quand on m'a appelée pour l'échographie. Il est 7 heures du matin, nous sommes des dizaines de femmes dans un sous-sol. Il y en a de tous les milieux, des jeunes, des vieilles, des femmes voilées, une vraie cour des Miracles, toutes alignées et, du moins c'est l'impression que j'en ai, toutes désespérées. Je me souviens d'un médecin hyperbrusque qui, alors que j'étais allongée sur la table de gynécologie, les pieds coincés dans les étriers, lança tout fort : "Trois ovocytes d'un côté, trois de l'autre !" Ça m'a fait souffrir. Les autres femmes avaient toutes dix ovocytes de plus que moi... C'était d'une violence incroyable : avec mes trois ovocytes, je me sentais tellement nulle ! Pourquoi, moi, je n'étais pas capable d'avoir un enfant ? D'être une vraie femme ? » Hermine essaie, subit – c'est le mot – cinq FIV puis se décide à filer en Espagne pour recourir à un don d'ovocytes. Elle aurait préféré que les choses se passent avec plus de douceur, de sérénité. Mais trop d'incompréhensions de tous côtés l'ont refroidie. Heureusement, peu de temps après la première insémination, elle tombe enceinte et aura même un second enfant deux ans plus tard, à 45 ans.

Les femmes qui ont témoigné dans les chapitres précédents tiennent aujourd'hui leur bébé dans les bras. Mais combien d'autres n'ont pas eu, ou

3. Voir partie III, chapitre 7.

n'auront pas, cette chance ? L'échec, après un tel parcours de la combattante, est d'autant plus impensable que notre société a tendance à donner une importance démesurée à la maternité, et à toujours mal considérer les femmes sans enfants. On comprend dans ces conditions que plus elles ont tardé à s'y mettre, plus leur infertilité entraîne un sentiment de culpabilité, au point qu'on peut se demander si elle ne leur fait pas parfois accepter des traitements pénibles pour la combattre. « Ce n'est pas ma faute », se défendent-elles, « J'ai fait tout ce que j'ai pu », « Je n'y suis pour rien ». Elles ont pris ou perdu du temps pour toutes sortes de raisons, conscientes ou inconscientes. Aujourd'hui, leur rythme n'est pas le bon, mais qui sait s'il ne sera pas adopté par la plupart des femmes dans quelques années ?

Ces femmes, seules ou en couple, vont devoir raconter à leur enfant l'histoire singulière de leur conception. Habituellement, l'enfant imagine à sa manière la façon dont ses parents l'ont conçu. Scène originelle ou primitive « de rapport sexuel entre les parents observée ou supposée d'après certains indices et fantasmée par l'enfant[4] ». Dans le cadre d'une fécondation *in vitro*, il devient difficile de lier la scène de sa propre origine avec celle de l'enfant à venir. À plus forte raison lorsqu'il s'agit d'une fivette avec don de gamètes. Quelle histoire ces mères de la dernière heure vont-elles transmettre à leurs enfants

4. Jean Laplanche et Jean-Bertrand Pontalis, *Vocabulaire de la psychanalyse*, PUF, 1967.

quand les fantasmes originels seront remplacés par le récit d'une réalité objective – celle de l'éprouvette ? Le rendez-vous du spermatozoïde et de l'ovule dans un tube à essai deviendra-t-il une scène primitive d'un autre type ?

Partie III

Comment parler à l'enfant ?

CHAPITRE 1

« DIS PAPA, POURQUOI T'AS LES YEUX BLEUS ET MOI MARRON ? »

Pourquoi est-ce si compliqué de dire cette vérité à un enfant ? En 2005, on estimait que la majorité des couples ayant eu recours à une PMA n'avait pas révélé la vérité de leurs origines à leurs enfants[1]. Aujourd'hui, heureusement les mentalités ont évolué mais autrefois, il convenait de ne rien dire. Un jour ou l'autre, l'enfant découvrirait la vérité par lui-même, puisqu'il y a toujours quelqu'un qui sait... La loi de bioéthique de 1994 préconisait l'anonymat du don. Le donneur, ou la donneuse, ne peut être informé de la destination de son don ; réciproquement, ni les parents ni l'enfant ne pourront jamais connaître l'identité du donneur. Jamais ? À l'heure où chacun peut recourir à des tests ADN, et où la loi a évolué vers une levée de l'anonymat, l'accès à la vérité des origines devient

1. Léa Karpel, Muriel Flis-Trèves, Valérie Blanchet, François Olivennes et René Frydman, « Dons d'ovocytes : secrets et mensonges », *Journal de Gynécologie Obstétrique et Biologie de la Reproduction*, 2005.

possible. Elle est aussi souhaitable, tant il est nécessaire pour l'enfant de se construire sur la vérité[2]. Malgré cela, encore beaucoup de couples ont du mal à parler. Il leur semble déjà difficile d'aborder avec simplicité la façon dont on fait les enfants en général, alors encore plus celle dont ils s'y sont pris, eux.

À ce secret de l'origine, se greffe un autre secret, celui de l'infertilité ; souvent vécue comme honteuse, comme un manque, une faiblesse. « Si on n'en parle pas, personne n'en saura rien. » Et d'ailleurs, c'est ce qui était recommandé jusqu'à récemment par les médecins : ne dites rien à l'enfant.

Le secret protégeait de la révélation de l'infertilité, celle de la femme ou de l'homme, blessure qu'il faut parvenir à assumer, dépasser, sublimer, qui demande du temps et souvent un travail sur soi.

Même pour les couples les mieux disposés, les choses ne sont pas simples. En eux se bousculent mille questions. À quel âge l'enfant doit-il être mis au courant ? Dans quelle situation doit-on le lui dire ? Doit-on attendre ses interrogations ? Les provoquer ? Ou saisir l'occasion qui se présentera fortuitement lors d'un film, d'un dessin animé, de l'observation des animaux ?

Finalement, existe-t-il un moment approprié ? Un moment « parfait » ? Faut-il saisir les perches

2. Muriel Flis-Trèves, « Toujours quelqu'un sait... », *Le Monde*, novembre 1993 ; Muriel Flis-Trèves, « PMA et secret : le mieux ennemi du bien », *Libération*, 7 juin 2019.

que les enfants nous tendent à de multiples occasions ? Ou précéder leurs questions ? Freud nous enseigne qu'entre 3 et 5 ans, la préoccupation principale des petits, leur grande énigme est : « D'où viennent les enfants[3] ? » Les parents sont donc interrogés très tôt. « Où est-ce que j'étais avant d'être dans ton ventre ? », « Pourquoi t'as les yeux bleus et moi marron ? », « Comment tu m'as fait ? » Répondre à ces questions est essentiel mais difficile, surtout pour ceux qui ont eu recours à un don. S'il ne faut pas les éluder, il n'est pas nécessaire à cet âge de se lancer dans un cours magistral sur les gamètes et autres technicités biologiques. Cela risque d'abord de ne pas intéresser l'enfant, puis de le dérouter, et enfin d'ajouter du questionnement au questionnement. Dans un premier temps, le plus simple est de lui raconter la façon naturelle dont se font les bébés. La sexualité pour un petit reste toujours un mystère attirant. Cela montre à l'enfant que le sujet n'est en rien tabou, et que ses parents sont ouverts à cette discussion. S'il semble intéressé, c'est l'occasion de lui dire « mais pour toi, ça ne s'est pas passé comme ça ». Et de lui raconter son histoire. La vraie histoire de sa vie.

Si, comme Elena[4], regardant avec sa mère un dessin animé qui parle de famille recomposée, l'enfant demande tout haut : « C'est quoi un père biologique ? », mot qu'« étonnamment » elle

3. Sigmund Freud, *Introduction à la psychanalyse*, chapitre XX, « La vie sexuelle de l'homme » (1921), Petite Bibliothèque Payot, 1975.

4. Voir p. 124.

a capté durant le cartoon, il sera plus aisé d'y répondre dès lors que ses parents ne sont pas pris au dépourvu et ont eu auparavant des conversations ayant trait à la naissance.

Les questions de cet ordre surgiront toujours l'air de rien, au détour d'une promenade, devant des animaux, face à un film. Comme autant de signaux que les enfants envoient et qu'il faut saisir au vol pour aborder avec eux leur mode de conception. Joël sort de notre entretien bien décidé à ne plus laisser passer l'occasion qui, bien sûr, se représente. Il me la raconte à notre séance suivante : « Nous étions chez des amis à la campagne. Pendant la nuit, Elena, sans doute un peu perdue dans cette maison qu'elle ne connaissait pas, a poussé la porte de notre chambre en cherchant les toilettes. Je l'ai accompagnée et c'est à ce moment-là, à 3 heures du matin, qu'elle m'a demandé tout à coup : “Papa, pourquoi tu as les cheveux si noirs et moi si blonds ? Pourquoi tes cheveux sont si épais et moi si fins ?” Je suis resté muet. Certes, j'étais quasi endormi et fatigué par la longue route que nous avions faite pour arriver là, mais avec le recul j'ai conscience que j'aurais dû saisir la perche. »

Il est des parents qui ne voient pas, n'entendent pas, ou ne veulent ni voir ni entendre. Des parents, sans doute inquiets, qui n'en finissent pas d'interroger la part d'inconnu, l'étrangeté de celui qu'ils aiment pourtant follement.

Comment expliquer cet intérêt presque obsessionnel de Nathan, 7 ans, pour les jeux du Petit

Biologiste ? Cette curiosité pour les sciences, pour la recherche, pour la découverte ? Ces heures passées à faire des expériences scientifiques ? Ou encore cette passion pour la généalogie de Léa, 13 ans ? Quand ce ne sont pas des manifestations moins sages : hyperactivité, inhibition scolaire, agitation. C'est comme si les enfants subodoraient un secret dans leur histoire, suspectaient dans les attitudes parentales quelque chose de trouble qui les concerne, quelque chose de tellement dissimulé que c'est immanquable, car on sait bien que plus on tente de cacher, plus on émet de signaux.

Face à la difficulté de dire, certains adultes adoptent des conduites hyperprotectrices de réassurance affectueuse, de surenchère de leur capacité à être de très bons parents. D'autres, à l'inverse, plus à l'aise avec leur problématique de fertilité, ou ayant fait un travail personnel, racontent plus facilement leur histoire. Ils s'y prennent dès la naissance, en parlant au bébé, et sauront saisir les moments où l'enfant, plus tard, montrera des signes de curiosité. D'autres attendent quatre ou cinq ans, l'âge où leur petit commence à poser des questions, et trouvent les mots naturellement.

Mère célibataire, Diane entend sa fille Adèle, 4 ans et demi, lui demander : « Maman, pourquoi on n'est que toutes les deux ? » sur le chemin de l'école. Puis, un peu plus tard, en passant devant leur fleuriste habituel, la gamine s'empare d'un bouquet, le tend à sa mère et lui dit : « Tiens, ça sera ton bouquet de mariée ! » Diane, sans compagnon à la maison, n'a pas attendu la troisième réflexion pour comprendre que dans la tête de sa fille, née d'un don de sperme, des questions trottent, auxquelles est venu le moment de répondre. « Le soir, j'ai pris le temps de lui parler. Je lui ai dit comment je l'avais faite. Que j'avais très envie d'être maman mais que je n'avais pas de papa avec moi. Que je suis allée voir un docteur qui m'a mis des graines dans le ventre. Parce qu'il y a un monsieur qui a donné ses graines pour aider une maman qui n'avait pas de compagnon. »

D'autres s'appuient sur des livres ou des albums, désormais dans le commerce, qui proposent un récit vulgarisé de l'aventure de la procréation médicalement assistée et qui apportent une aide certaine. Un exemple parmi d'autres : *Le Mystère des graines à bébé*[5]. Dans cet album illustré, Petit Paul, un garçon né par PMA, demande à ses parents comment il a été conçu. Ils lui disent d'emblée combien c'est difficile pour eux de lui en parler. Petit Paul se tourne alors vers des animaux qui, gentiment, l'un après l'autre, de la chouette au lézard, en passant par l'éléphant et le pingouin, lui expliquent les différentes formes de procréation pour pallier les difficultés que certains parents rencontrent. Il apprend qu'il n'y a pas qu'une seule façon de faire un enfant, combien ses parents ont dû surmonter d'obstacles pour l'avoir, et

5. Serge Tisseron, Aurélie Guillerey (illustrations), *Le Mystère des graines à bébé*, Albin Michel Jeunesse, 2008.

combien il a été désiré. Ce livre et bien d'autres, lus par les parents bien sûr, permettent en s'appuyant sur des figures bienveillantes de raconter le mystère des techniques médicales qui ont permis sa naissance.

Chapitre 2

« Et si, plus tard, elle nous en voulait ? »

Il n'a pas vraiment changé, toujours ce regard intense et vif tellement attendrissant. Paul commence par me rappeler pourquoi il était venu me consulter il y a douze ans : « J'avais besoin d'aide pour surmonter l'épreuve de l'attente d'un enfant qui ne venait pas. Et voir s'il n'y avait pas un blocage de mon côté. »

Aujourd'hui, c'est pour une autre raison qu'il a souhaité cet entretien. Mais avant d'en venir à ce qui le tracasse, Paul se remémore les difficultés qu'ils avaient alors traversées, lui et son épouse : « Après une grossesse extra-utérine et deux fausses couches, nous nous étions résolus à recourir à un don d'ovocytes. Et ça a marché, Alice était à nouveau enceinte. Mais au bout de six mois de grossesse, l'échographie a montré un bébé mal formé. Elle a dû subir une interruption médicale. L'un comme l'autre, ça nous a anéantis. »

Les faits me reviennent en effet. Je me souviens de son désespoir, puis de son moral qui, séance après séance, a fini par retrouver des couleurs, au point d'y croire à nouveau et de renouveler l'expérience. « Nous avons eu recours à un autre don d'ovocytes. Ça avait beau être la seconde fois, pour moi cette décision n'avait rien d'évident. » Un long temps de silence, puis il reprend : « C'est difficile d'accepter un tel don, c'est un saut dans l'inconnu. Parce qu'on ne sait pas d'où vient la moitié des gènes de l'enfant qui va naître. Est-ce qu'il sera beau, intelligent, sympathique, gentil ? Quelles qualités, quels défauts aura-t-il ? J'étais mal à l'aise avec cette part d'inconnu. Pour Alice, la difficulté était différente : elle porterait neuf mois dans son ventre un enfant qui n'était biologiquement pas le sien. »

Outre la part de mystère incarné par l'ovocyte, une autre question le hantait : fallait-il recourir à un don anonyme ou pas ? Était-il préférable que la donneuse soit une étrangère ?

« Un temps, on a pensé bénéficier du don d'une amie. Cela aurait-il été plus facile ? Réflexion faite, je crois que cela aurait été pire, j'aurais eu le sentiment de tromper Alice. De commettre une sorte d'adultère fantasmé. » Paul et Alice ont donc opté pour une donneuse anonyme. Au départ réticent à l'idée qu'il n'y ait pas de continuité avec la lignée génétique maternelle, Paul s'est peu à peu accoutumé à cette nouvelle réalité. « J'ai fini par comprendre que chaque enfant est unique et différent des autres. Qu'il n'y a pas plus d'incertitudes ni d'inconnu dans ce type de démarche qu'il y en a avec un enfant qu'on aurait naturellement. »

Depuis ces séances, il y a douze ans, la vie s'est déroulée avec ses moments familiaux intimes et affectueux pour Paul, Alice et leur petite Rose. De quoi aplanir certains doutes : « Je n'ai plus peur de l'inconnu tel que je vous en parlais. Ma fille, qui a 12 ans maintenant, je l'aime à la folie, c'est ma fille, je la connais, sa part de mystère est toujours là mais elle ne me fait plus peur. Rose, je l'ai totalement adoptée, j'allais dire apprivoisée, même si je m'aperçois qu'elle a peu de traits de caractère communs avec nous. Elle a des défauts et des qualités bien à elle. » Le mentionner, l'accepter, n'est-ce pas pointer encore ce qu'il y a chez Rose de différent ? Se soucie-t-on d'« apprivoiser », d'« adopter » son enfant quand il est issu d'une parenté 100 % biologique ? D'ailleurs, vite, le ton de Paul devient moins affirmatif. Il en revient instinctivement à ce qui le tracasse : cette part qui lui échappe chez Rose, ce point mystérieux, à lui inaccessible. Une crainte qu'il exprimait déjà à nos tout premiers rendez-vous. S'il la formule ainsi désormais : « Et si Rose, une fois mise au courant de sa conception, se sentait différente des autres ? », n'est-ce pas, encore une fois, une façon d'énoncer son propre questionnement : et si elle était différente d'eux ? Et si, en l'apprenant si tard, elle se sentait trahie ? Cette enfant née d'un don nous fait penser à ce que dit Freud, évoquant « la figure du familier et le spectre de l'inconnu potentiellement inquiétant[1] ». Confronté à cette

1. Sigmund Freud, *L'Inquiétante étrangeté et autres essais*, 1919, traduction Gallimard, 1985.

part d'étrangeté, c'est comme si Paul ne pouvait s'empêcher de penser à leur recours au don et à la donneuse, cette inconnue pour lui omniprésente.

De longues minutes s'écoulent avant que Paul en vienne enfin au motif de sa demande de consultation : « Ma vraie difficulté, c'est que je n'arrive pas à parler à Rose. Je ne peux pas lui révéler ses origines, je ne parviens pas à lui dire qu'il nous a fallu demander l'aide d'une autre femme. Le temps passe et j'ai beau savoir que c'est important, je suis pétrifié. »

Si Paul n'a jamais abordé le sujet avec Rose, son épouse, elle, a tenté de le faire. Il n'était pas présent lors de cette conversation mais cela ne l'a pas contrarié : « Je le vis très bien. Je pense même qu'il est plus facile d'en parler chacun de son côté qu'ensemble. »

Soit. Mais il ignore toujours de quoi elles ont discuté et si la donneuse a été mentionnée. Pourquoi ce manque de curiosité de sa part ? Pourquoi ne pas en avoir parlé plus tôt ? « Par manque d'occasions, se justifie-t-il. Notre fille n'a jamais demandé d'où viennent les enfants, ni manifesté un quelconque intérêt pour ces sujets. De notre côté nous n'avons jamais rien provoqué, on attendait que ça se présente de façon naturelle… »

Alice a donc tenté une ouverture sans lui. « Depuis, elle n'est jamais revenue sur le sujet et moi non plus. J'ai pensé que ça se ferait tout seul, et maintenant j'ai peur. J'ai tellement peur de la décevoir. »

De la décevoir ? « Oui, qu'elle m'en veuille de ne pas lui avoir dit la vérité plus tôt. » Il semble soulagé d'avoir lâché le morceau. « Je ne voudrais pas qu'elle se remette en question, qu'elle doute de qui elle est. Et qu'elle le vive comme une trahison. Et si elle nous reprochait de nous être enfermés dans ce non-dit, ce mensonge par omission ? C'est difficile de trouver les mots justes pour expliquer notre silence sur sa mère… »

Sa mère ? Paul a utilisé ce mot spontanément pour qualifier sa donneuse. Devant ma surprise, il se reprend :

« Je veux dire, sa mère biologique… Bien sûr j'en parlerai comme d'une donneuse, mais Rose, elle, la considérera peut-être comme sa mère biologique. »

Je l'interroge : « Vous-même, vous voyez la donneuse comme une mère ? »

Paul répond : « Moins qu'avant mais d'une certaine manière, oui. Ça va sûrement susciter beaucoup d'interrogations sur qui est sa vraie mère. Je pense que c'est ce qui me retient de lui en parler. »

Il a beau savoir que la mère est celle qui accouche, élève et aime, Paul a l'esprit embrouillé par le débat public sur la grossesse, la GPA, le don de gamètes. « Il y a certains cas où ce n'est pas la femme qui accouche qui est la mère, par exemple dans la GPA, alors que dans d'autres, c'est la femme qui a porté l'enfant et accouché qui l'est… » De là à penser qu'Alice n'est pas sa mère…

Ce que Paul redoute le plus en réalité, c'est que la révélation de ses origines pousse sa fille à vouloir rencontrer la donneuse.

Révélation qui serait double : lui avouer qu'Alice est stérile, lui annoncer qu'ils ont eu recours à l'aide d'une femme, donneuse de ses ovocytes. « J'ai peur qu'elle soit bouleversée, d'autant que, dans notre famille, personne n'est au courant. D'autre part, si Rose part à la recherche de cette femme, j'ai peur que cela l'éloigne d'Alice. »

Ce choix, plus ou moins tacite, de garder le secret – tout en disant vouloir le révéler – est une façon pour Paul de protéger son épouse de la honte de la stérilité. Ne vaudrait-il pas mieux pour tout le monde que sa place soit rendue à cette donneuse, sans rivalité aucune avec celle des parents, et qu'on rende à son geste sa vraie valeur ? Une place… à côté.

CHAPITRE 3

« ET S'IL VOULAIT RENCONTRER LE DONNEUR ? »

La première fois que j'ai reçu Joël, c'était avec sa femme. Il avait 45 ans, elle venait de fêter ses 39 ans. Ils avaient effectué plusieurs essais de fécondation *in vitro*, tous soldés par un échec. Ils ont alors pensé recourir à un don de sperme. La femme de Joël, même si elle n'était pas encore totalement convaincue, était ouverte au projet et en parlait avec sa psychologue. Joël, lui, ne voyait pas l'intérêt d'un suivi psychologique mais le gynécologue de son épouse, en qui il avait toute confiance, lui avait vivement conseillé de venir me voir afin qu'à son tour il réfléchisse à ce don de gamètes. Les nombreux échecs de FIV ne l'avaient pas démonté, il était déterminé à avoir un enfant, même un qui ne porterait pas ses gènes, et son optimisme balayait toutes ses interrogations. Il n'avait, prétendait-il, besoin ni de soutien ni d'informations.

Je ne l'ai donc plus revu jusqu'à ce qu'il exprime le besoin de me consulter à nouveau, cinq ans plus tard. Joël est maintenant père d'une petite fille de 4 ans. À sa manière un peu bourrue, il décrète que tout va bien, qu'il a son enfant, qu'il l'adore, mais qu'une question le tracasse : comment avouer à Elena la vérité de sa conception ? Lors de notre première rencontre, j'avais tenté d'aller plus loin dans l'anticipation de sa démarche en posant des questions sur la représentation qu'il se faisait du donneur, de son anonymat et de la révélation possible des circonstances de sa conception à l'enfant... Il avait répondu rapidement, éludé presque, prétendant ne pas vouloir y penser, décidé à taire les faits : « Ça ne regarde personne. » Il se persuadait que tout se passerait bien une fois Elena arrivée.

Pourtant, Joël avoue qu'il est un peu perturbé. Il s'énerve trop rapidement. Il avait des certitudes mais aujourd'hui il ne sait plus. Il a besoin de me parler pour (drôle de formulation, mais c'est la sienne) « consolider [ses] bases ». « Depuis toujours, je veux tellement donner une image lisse de moi aux autres, lâche-t-il, que la moindre imperfection me met dans des colères noires. Je ne sais pas les tempérer et je me sens sous tension en permanence. J'ai l'impression que je me noie dans le travail pour éviter de penser aux sujets qui me tracassent. C'est comme si j'avais mis en pause toutes mes tentatives d'introspection. Je croyais m'en accommoder mais mes interrogations remontent à la surface et me déstabilisent. Ce qui m'importe le plus aujourd'hui c'est savoir comment parler à ma fille. »

Que s'était-il passé pour qu'il ne soit plus en accord avec ce qu'il proclamait quelques années plus tôt ?

Joël continue à me consulter et, lors des séances suivantes, il a perdu ce flegme qui lui sert de carapace. Ce matin, il a le front soucieux. À peine assis, il me lance : « J'ai vu le documentaire sur Arte. » Joël ne précise pas lequel, il imagine que je suis au courant, que je l'ai vu aussi. Son titre, *Les Enfants du secret*[1]. Le réalisateur, Rémi Delescluse, né d'un don de sperme anonyme, s'y interroge sur sa conception. Alors qu'il va devenir père, alors qu'il regarde son futur bébé à l'échographie, il a cette pensée : « Cet enfant porte une part de cet homme dont je ne connais rien. » Son film raconte sa quête et son besoin d'obtenir des éclaircissements auprès de ses parents. Il donne aussi la parole à d'autres, nés comme lui par don de gamètes et qui cherchent leur donneur.

C'est peu dire que le propos a chamboulé Joël. Ses questions fusent. Comment des hommes et des femmes mûrs, parfois pères et mères de famille, peuvent être à ce point obsédés par leurs origines ? Comment un donneur, qui n'a transmis que quelques gouttes de sperme, peut prendre autant de place dans la vie de quelqu'un ? Que représentent cinq minutes dans un labo comparées à des mois d'espoir et d'attente suivis d'années d'amour inconditionnel ?

Parmi les hommes et femmes du documentaire, on reconnaît le plus célèbre, Arthur

1. Rémi Delescluse, *Les Enfants du secret*, Arte, 2019.

Kermalvezen, célèbre car il fut le premier à retrouver son donneur grâce à un test ADN, encore interdit en France à l'époque. Donneur avec lequel il entretient désormais une relation « amicale ». Joël n'a pas de mots assez forts, assez cinglants pour railler cette « mise en scène théâtrale ». Mais, outre cette exaspération de voir la télévision traiter de ce besoin apparemment primordial de connaître sa filiation, il est troublé par ces pères de famille, frappés comme lui de stérilité, qui semblent approuver la quête de leur enfant. « Je ne pourrais pas être comme ces parents qui accompagnent leur fils ou leur fille dans cette démarche, m'avoue-t-il. Bien sûr je ne m'y opposerais pas si ma fille me le demandait, mais je me sentirais blessé. J'aurais l'impression qu'elle cherche à me remplacer, à m'effacer même. Je sais aussi que si un jour j'arrivais à lui dire la vérité, je me sentirais honteux. »

Joël, 50 ans, professeur de droit à l'université, est le benjamin d'une fratrie de quatre. Avec dix ans de moins que les autres, il se sent toujours le petit dernier. La honte est un sentiment qu'il connaît bien. S'il porte à sa fille une affection très sincère, il a peur de paraître… « vieux papa » ? Joël se sent jeune, pourtant il a toujours ce complexe, cette crainte de paraître « vieux » devant les autres parents à l'école. Lui qui, petit déjà, avait honte de l'âge de ses parents.

Il revient à sa préoccupation principale : comment dire la vérité à sa fille ?

Fondamentalement, il a peur de valoir moins aux yeux de sa fille que les autres pères, ceux qui sont capables de faire un enfant, au point de sentir son statut de père constamment menacé. Quand, par exemple, Elena joue avec son parrain, Joël avoue qu'il est soudain pris de jalousie. Cet ami semble tellement à l'aise avec les enfants, et particulièrement avec sa filleule. Joël les regarde, et quelque chose lui pince le cœur, un sentiment mesquin qu'il voudrait repousser. Il s'en veut d'avoir ce genre de pensées au sujet de cet homme qu'il apprécie, mais il déteste le voir prendre cette place. « Est-ce que ma fille s'amuse aussi bien avec moi ? » se demande-t-il. Quand ils sont heureux ensemble, c'est comme s'il n'existait plus. Joël se liquéfie, disparaît à mesure que grandit sa peur d'être remplacé. Lui-même a souvent joué avec l'idée que son père et sa mère n'étaient pas ses « vrais » parents. Il est né à Dijon alors qu'ils habitaient dans le Midi. Et le jour de son mariage, il a reçu ce coup de fil énigmatique : « Tu verras, ta vraie maman sera là », mystère jamais élucidé. Canular ou vérité ? En tout cas, sujet de questionnements qui alimente nos fantasmes.

Lors des séances suivantes, il n'a plus aucune difficulté à parler, les digues ont sauté. Il se replonge dans la maladie grave mais guérissable qui a marqué son enfance à l'âge de 7 ans, l'écartant un temps de l'école pour y revenir en fauteuil roulant. Le souvenir de ces six mois de moqueries est vivace. Il en garde cette peur du regard des autres.

Ce sentiment d'être effacé par les autres, cette jalousie à l'égard de tel ou tel camarade qui faisait partie du cercle des élus, cette honte d'être impuissant, de ne pouvoir montrer de quoi il était capable. Sans doute couvé par des parents inquiets durant cette période, infantilisé, choyé, il dit avoir du mal encore aujourd'hui à se voir comme un adulte. Le temps est un concept qui le terrifie. Il a toujours l'impression qu'il n'en a pas. Il travaille comme un ogre, dort peu, se lève avec l'impression que cette poignée d'heures dédiées au repos sont des heures perdues. Quant au temps qui passe, il aime mieux ne pas y penser. « Mes parents n'ont jamais imaginé que je pourrais être autre chose qu'un enfant », confie-t-il. Un enfant précieux. Pour eux il n'y a rien de pire que de perdre son enfant, ou de ne pas en avoir. Il se souvient d'un oncle, frère de son père, qui n'a jamais pu en avoir. On parlait de « drame » pour son couple. « C'était le rameau mort de la famille, et moi, quand on m'a appris ma stérilité, j'ai aussitôt eu peur d'être comme lui, comme eux. Il n'était pas question que je sois ce fruit sec, que je vive avec leur tristesse. Alors, quand on a décidé d'être parents et que ça ne venait pas naturellement, je n'ai pas hésité à chercher d'autres solutions. Et lorsque j'ai compris que mes spermatozoïdes étaient défaillants, et qu'il a fallu prendre la décision du don, j'ai foncé. Tout ce qu'il fallait faire pour être papa, je l'ai fait, et j'ai même entraîné ma femme dans cette aventure. » Il n'était pas question que ça ne marche pas.

Joël ne regrette pas son choix, il est fou d'amour pour sa fille même s'il reconnaît qu'il la met parfois un peu trop sur un piédestal.

Il me raconte une anecdote plus parlante qu'il n'y paraît. Joël devait partir aux sports d'hiver fin mars. Or, avec la pandémie, toutes les stations ont fermé plus tôt que d'habitude, ce qui l'a angoissé plus que de raison. Mais, à la séance suivante, il revient sur ce sentiment, en s'excusant presque : ce n'était pas un caprice qu'il exprimait, dit-il, il lui est revenu que, chaque année, les stations de ski ferment le 1er mai. Son anniversaire est le 2 et ces dates sont gravées dans son esprit comme le rappel immuable qu'une année est passée et qu'elle ne reviendra jamais. Que lui-même vieillit et que le temps file. Peur que ses parents meurent. Peur de sa propre vieillesse. À 50 ans, d'ailleurs, il ne cesse de s'entretenir et de pratiquer toutes sortes de sports, et ça marche, il en paraît dix de moins. En parlant de jeunesse, il se souvient qu'avec sa femme, ils étaient légers et insouciants à l'idée d'avoir un jour un enfant. Ils n'y pensaient pas, se laissaient porter par le plaisir de profiter de la vie. Le temps pouvait s'étirer, Joël ne s'en apercevait pas. « Je me disais qu'on était trop jeunes encore. » Repousser ce projet à un peu plus tard, encore plus tard, c'était comme perpétuer l'idée : tant qu'on n'est pas parents, on reste jeunes.

Se projeter papa, pour Joël, c'était devoir apprivoiser les prémisses du vieillissement. Lui, l'éternel petit dernier. Lui qui refuse de paraître vieux, comme son père l'était dans ses yeux d'enfant. Joël reste hanté par la crainte de se sentir dégradé physiquement, effacé par d'autres, comme il le fut à 7 ans dans sa chaise roulante. Devenu papa, et heureux de l'être, rien n'a vraiment changé. Il sait bien qu'il faut parler à sa fille de ses origines, évoquer ce donneur, il le sait, sinon il ne serait pas là, face à moi. Mais cet aveu, il a du mal, plus qu'un autre, à s'y résoudre. Et si son épouse le faisait, elle ? La semaine suivante, Joël, justement, tient à me raconter : la veille, Elena était dans le salon avec sa mère et elles regardaient un dessin animé à la télévision. L'histoire d'une famille recomposée. À un moment, un personnage du cartoon utilise les termes « père biologique ». Elena a soudain eu cette question : « C'est quoi, maman, un père biologique ? » Son épouse, qui pensait être à l'aise avec le sujet, a été incapable de répondre. Elena, happée par les péripéties du cartoon, a vite oublié sa question. Occasion manquée. Quand, le soir, sa femme lui raconte la scène, Joël ne lui reproche rien, bien sûr, mais se dit que cette question aurait pu lui être posée à lui aussi dans les mêmes circonstances, en regardant tranquillement un film avec sa fille. Il se doute bien que ce sujet du père biologique dans la bouche d'Elena n'est pas un hasard. Comme si elle soupçonnait une cachotterie. En tout cas, cette scène le rassure : si elle s'est produite, elle se reproduira, d'autres occasions se présenteront, il pourra éviter la gravité d'une scène du genre : « Ta mère et moi avons quelque chose à te dire. » Un moment solennel et pompeux, comme un verdict énoncé dans un tribunal, comme quelque chose de lourd, de terrible à dire. Un jour, Elena posera une question, un jour, il pourra lui dire les choses avec simplicité. Cette pensée soudain le soulage.

Chapitre 4

Sabine, une fois maman, otage des secrets

Puberté tardive, infantilisation, Sabine, on l'a vu[1], a mis du temps à s'imaginer maman, et à entraîner son mari, de tempérament passif, dans son projet. Elle a 45 ans quand enfin elle met au monde son petit Vincent grâce à un don d'ovocytes. Une naissance qui la bouleverse et la comble. Vincent, 3,7 kg, est une merveille, bien sûr. De retour sur le divan, Sabine n'a pas assez de mots pour le décrire, sa petite bouche, sa peau si douce, ses premiers sourires. Et elle explique que, déjà, elle lui susurre à l'oreille des bribes de son histoire. Parfois, une pensée la traverse : ce nez, cette bouche, justement, à qui sont-ils ? À la donneuse ? À qui ressemble-t-il ? Mais elle parvient à domestiquer ses pensées, tente de les conjurer en parlant d'elle sans cesse à la troisième personne, « Maman t'aime, Vincent », « Maman va t'habiller », « Maman va te laver ». Elle s'amuse elle-même de cette façon de se raconter, de se rassurer, qu'importe,

1. Voir partie II, chapitre 6.

elle est heureuse, vraiment, pleinement. Il n'y a qu'un bémol : les jours passent et Christophe, étonnamment, s'assombrit. Il semble de plus en plus irritable, de plus en plus fuyant. Sabine, en consultation, l'évoque, sans trop y prêter d'importance.

Puis un matin, elle déboule en larmes. Les mots se bousculent : « Christophe était dans la chambre, il n'arrêtait pas de faire les cent pas. Je lui ai demandé ce qui le tourmentait et, là, il m'a lâché : « Elle m'a encore demandé si je te l'avais dit... » Dit quoi ? Et qui ça, « elle » ? Sabine comprend vite qu'il ne peut s'agir que de sa belle-mère, cette femme antipathique qu'il faut appeler « madame » et qui est aussi snob que peu chaleureuse, y compris avec son fils unique. Alors ? Dit quoi ? Christophe ne parvient pas à sortir un mot. Sabine doit insister, le passer à la question, au sens propre comme au figuré : elle a l'impression de le torturer. C'est elle qui finit par supposer, par énoncer ce que Christophe n'arrive pas à lui dire. Elle qui découvre, abasourdie, cette vérité inavouée : Christophe est un enfant adopté ! Christophe n'est pas le fils biologique de cette femme, cette belle-mère si peu aimable, et de cet homme mort des années plus tôt. Et Christophe le lui a caché ! Tout se bouscule dans sa tête. L'homme auprès duquel elle s'est battue durant tant d'années pour avoir un enfant ne lui a jamais donné les clés de sa propre filiation ! Un vertige la saisit soudain. Cet enfant, décidément, d'où vient-il ? Aux gènes de la donneuse, s'ajoute une autre part de mystère, celle des parents biologiques de son père. Tant d'inconnues soudain…

« Je m'écroule en larmes. Pas parce que l'information en elle-même me fait de la peine, je pleure parce que toutes ces années on m'a menti, que Christophe a gardé ça pour lui. Qu'il ne m'a pas fait confiance, à moi, sa compagne… » Christophe argue que ce n'est pas un mensonge, que pour lui ça n'existait pas, que lui-même avait décidé d'oublier le secret de ses origines. Christophe, qui a attendu le moment où sa compagne devenait mère pour lui révéler qu'il est un enfant adopté. Est-ce le spectacle tout d'harmonie et d'amour de son petit Vincent dans les bras de Sabine qui a réveillé une faille, une souffrance jusque-là étouffée ? Cette tendresse, cette attention auxquelles lui n'a pas eu droit ? Pour Sabine, cela ne change rien au fait que son Vincent est le petit-fils de quatre grands-parents biologiques inconnus. Sabine est sous le choc. Comment ne pas être bouleversée ? Comment ne pas s'interroger sur ces coïncidences ? Est-ce vraiment un hasard s'ils se sont rencontrés tous deux, avec leurs manques et leur histoire compliquée ? Les questions assaillent Sabine. Dont celle-ci, pas la moindre : « Christophe sera-t-il capable un jour de dire la vérité à son fils, lui qui a gardé ce secret si longtemps ? »

Chapitre 5

Révéler ses origines ? « Plus je l'aime, moins je peux lui dire la vérité »

Jeanne, que je n'ai pas vue depuis cinq ans, m'appelle pour prendre rendez-vous. Au téléphone, elle a ces mots : « Je ne suis plus vraiment en accord avec ce que je pensais à l'époque où je vous consultais. Et ça me préoccupe. Je vous expliquerai. »

Je me souviens d'elle, une petite femme à la chevelure longue et frisée, une boule d'énergie et de colère rentrée. Jeanne est sculptrice. Durant nos séances tout au long de ces trois années de thérapie, j'ai eu le loisir d'observer ses longues mains fines aux ongles souvent argileux et je sais combien leur savoir-faire, leur maestria comptent dans son équilibre. Elle consacre de longues heures chaque jour à la sculpture. C'est sa passion depuis l'adolescence, c'est devenu son métier, même si pas une semaine ne s'écoule sans que son mari ou sa belle-mère ne lui rappellent que ce ne sont pas ses créations qui permettent de payer les charges familiales.

La femme que j'avais laissée, heureuse d'être enfin maman, était bien décidée à ne pas cacher à son garçon cette part d'inconnu à laquelle il devait la vie : un don d'ovocyte et une donneuse. Jeanne m'affirmait alors avoir compris l'importance de dire la vérité à Romain. Comme Paul (*cf.* partie III, chapitre 2), elle m'avait consultée tout au long de ce chemin ardu qui l'a menée à accoucher sur le tard d'un petit garçon, âgé aujourd'hui de 6 ans.

Avant même d'évoquer le sujet de sa venue, elle me rappelle qu'elle voulait bel et bien raconter à son fils l'histoire de sa conception, et cela, dès son plus jeune âge, même s'il n'était pas encore capable de tout saisir. « À la fin de nos entretiens, je parlais de cette nécessité ouvertement, admet-elle en préambule. J'avais décidé de le faire tôt, même avant qu'il naisse. Or je ne l'ai toujours pas fait. » Que s'est-il passé ? Pourquoi avoir changé d'avis ? « Plus les liens se renforcent avec mon fils, lâche-t-elle, moins je me sens capable de le lui dire. »

Dans nos entretiens elle affirmait que la vérité vaut mieux que l'omission, et combien il serait essentiel de la distiller à son fils peu à peu… « Oui, oui, je sais, me répond-elle, je l'ai dit, on le dit… Mais il y a du pour et du contre… Il y en a qui pensent que ce n'est pas la peine. »

Pas besoin de la pousser dans ses retranchements : « Vous allez me dire que, comme ma belle-mère et l'une de mes belles-sœurs le savent, ça suintera d'une façon ou d'une autre, mais je sais qu'elles ne lui diront rien. » Puis : « S'il le devine, si quelqu'un parle, eh bien on s'adaptera... Pour l'instant on a une vraie complicité, Romain et moi. Entre nous, c'est fusionnel. On verra. Je n'ai pas envie de me prendre la tête. Je l'ai trop fait par le passé. » Des larmes de bon petit soldat affleurent. « Il y a des jours où je me demande pourquoi ça tombe sur moi, une histoire comme ça. Alors que ç'aurait pu être tellement plus simple... » Jeanne semble épuisée. Perdue aussi. « J'ai tellement vécu le rejet, j'ai été tellement mal acceptée par ma belle-famille, j'en ai tellement souffert que je ne veux pas être rejetée par mon fils. »

C'est la raison principale de son silence. « Ce serait terrible pour moi si un jour il m'en voulait, s'il ne me considérait plus comme sa mère ! Ce serait une telle blessure que je préfère ne rien dire pour l'instant. Si un jour il l'apprend, je verrai alors comment je réagirai, cela dépendra de tant de choses, de son âge, des circonstances... Et puis, peut-être ne voudra-t-il pas savoir d'où il vient... »

Jeanne, c'est l'histoire d'un Sisyphe au féminin qui n'en finit pas de dégringoler une fois arrivée en haut d'une montagne d'obstacles. Au tout début de l'ascension, il y a une enfance de frustrations. La malchance d'avoir une sœur très malade qui a capté toute l'attention de sa mère. Mais quand la sœur a fini par guérir, leur mère n'a pas su rétablir de lien avec Jeanne. Cette femme indifférente ne prouvait son affection qu'en cuisinant, encore et toujours plus de nourriture. Mais il manquait l'amour ! Cette insatisfaction jamais résolue explique-t-elle qu'à 20 ans, Jeanne ait accepté Elie dans sa vie ?

Une rencontre jeune, donc. Pas un coup de foudre, mais une forme de sécurité, de douceur tranquille. Trois ans plus tard, Jeanne et Elie s'installent ensemble. Elle y trouve une sorte d'équilibre, apprécie son quotidien sans histoire avec un homme rigoureux, expert-comptable, incapable de fantaisies comme de coups bas. Elle est vive, spontanée, a grandi dans un milieu où l'art et la culture ont une grande place mais où l'argent manquait parfois. Rien à voir avec les parents de son fiancé, de petits bourgeois soucieux de leurs arrières, peu tournés vers les autres. « Pour eux, le fait que je sculpte, c'est comme si j'étais une hippie des années 1970. Paradoxalement, je pense que c'est aussi cela qu'Elie a aimé chez moi, cette différence, cette fantaisie, cette chaleur, cette facilité à me lier aux autres, à improviser des fêtes par exemple. » Tout aurait été pour le mieux entre eux si, en plus de ces différences sociales, ne s'étaient ajoutées des convictions religieuses divergentes et de vieilles animosités familiales : Jeanne n'est pas la belle-fille rêvée, et on le lui fait bien sentir. Elle fait pourtant son possible pour leur plaire, en vain. Elle voit bien qu'ils espèrent que son couple avec Elie ne tiendra pas la route. Cette façon de sans cesse l'accaparer pour qu'il leur rende tel ou tel service, pour qu'il les accompagne à telle ou telle cérémonie religieuse. Toujours sans elle. À force il finira bien par l'abandonner pour une autre…

« Mon projet de vie, c'était d'avoir un bébé avant mes 30 ans, explique-t-elle. L'envie m'est venue vers 26, 27 ans. Lui n'en parlait jamais. Mais comme il n'a jamais la moindre initiative... J'ai toujours été le seul moteur du couple, se désole-t-elle. La seule chose qui lui importe, c'est son boulot, la finance, les journaux économiques. Dans un sens, c'est rassurant, vu les aléas de mon métier... Donc, comme d'habitude, c'est moi qui ai pris les rênes. Je lui en ai parlé avant d'arrêter la pilule, par honnêteté. Aujourd'hui, je me dis que si je ne l'avais pas fait notre enfant serait peut-être arrivé naturellement. Mais bon, on ne peut pas refaire l'histoire... »

« Un enfant ? Alors on se marie. » Parce que pour lui, c'est ce qui se fait quand on veut créer une famille. Les parents de Jeanne sont aux anges. Ceux d'Elie ont du mal à cacher leur dépit. On fixe la date de cérémonie mais le père d'Elie ne veut rien savoir, il refuse de venir au mariage. De fait, il n'y sera pas : il meurt peu de temps après d'une crise cardiaque, il n'avait pas 60 ans.

Elie est anéanti, son père, c'était son dieu, il admirait sa force de caractère, lui qui en manque tant. Six mois plus tard, le mariage a lieu, mais en petit comité, sans musique, sans soirée, sans réjouissances. Un avant-goût de la chape de plomb d'une tristesse infinie qui va s'abattre sur leur vie conjugale. « Elie, traumatisé par la mort de son père, a sombré dans la dépression. J'ai eu beau avoir arrêté la pilule après le mariage comme prévu, cela n'a servi à rien. Il était tellement mal qu'il ne me regardait plus. Tous les soirs, de retour du travail, il pleurait. Et il ne voulait pas se faire soigner. Ça a duré longtemps, longtemps… J'aurais peut-être dû partir, le quitter, mais je n'ai pas pu laisser cet homme, mon mari, dans une telle détresse. Pas à ce moment-là. Inconsciemment aussi j'ai dû penser que j'étais la cause de la mort de son père. S'il ne lui avait pas annoncé qu'il voulait se marier avec moi, peut-être que son père n'aurait pas eu d'infarctus. » Le temps passe, Jeanne essaie de s'épanouir autrement, sa sculpture, les expositions, les amis… « Et encore, j'en ai perdu parce que je n'étais plus en phase : eux avaient des enfants. » Elle finit par s'habituer à cette absence, à évoluer dans cette atmosphère mortifère, à mener avec Elie cette vie en parallèle plus que vraiment conjugale. « Je pense, réfléchit-elle tout haut, que je n'ai pas été assez forte. Lui était trop faible, d'accord, mais moi, je n'ai pas eu le sursaut nécessaire pour donner un coup de pied du fond de cette piscine où je me noyais. Je ne me suis pas vue déprimée alors que je l'étais sûrement. »

Jeanne atteint l'âge de 39 ans sans enfant. « À ce moment il y a eu un réveil dans notre couple, un regain d'intimité, j'ai à nouveau voulu avoir un enfant de lui. C'était tard mais je n'avais pas d'inquiétude majeure. Je savais bien sûr que c'était compliqué, qu'on pouvait avoir un trisomique, faire une fausse couche, etc., mais je n'avais pas plus conscience du problème que de tout le reste. Notre couple avait été détruit, enfin je dirais plutôt qu'on avait cherché à nous détruire, cet enfant pourrait peut-être nous sauver. » Même si ça la gêne d'expliquer que cette « stérilité » n'a d'autre raison que l'absence de rapprochement physique, Jeanne décide de consulter un gynécologue. « Si vous ne tombez pas enceinte dans les trois mois, tranche le spécialiste, je vous donne le numéro d'une consœur. » Le moins qu'on puisse dire c'est que l'écoute n'était pas au rendez-vous et, bien sûr, il ne s'est rien passé à l'issue de ces trois mois…

À l'inverse, la « consœur » gynécologue met tout de suite Jeanne en confiance et elle tombe enceinte naturellement dans la foulée. Sans aucun traitement. « Mais au bout de six semaines, je fais une fausse couche. Évidemment c'est éprouvant. Les mois passent et Elie accepte que nous tentions une insémination. Un an après je retombe enceinte mais, comble de malchance, c'est une nouvelle fausse couche. Je m'effondre complètement. » Jusqu'au moment où on lui parle d'un gynécologue spécialisé dans les grossesses tardives. Jeanne a 43 ans. Avec lui, le contact passe bien. « J'ai aimé sa manière d'être, son absence de jugement, je regrette de ne pas l'avoir rencontré plus tôt. On a refait des analyses, chez moi tout était normal mais les spermatozoïdes de mon mari étaient atypiques… Le gynéco nous a expliqué que nous aurions toujours eu des problèmes mais que dans notre cas il aurait mieux valu essayer avant 30 ans. Les fausses couches que j'ai faites étaient peut-être aussi dues à la baisse de qualité de mes ovules mais avec un autre homme, ç'aurait très bien pu marcher… Quand je vous dis qu'à 27 ans, je n'aurais pas dû attendre l'approbation d'Elie pour programmer un enfant !

Nous serions peut-être parents aujourd'hui sans avoir eu à subir ce parcours... » Le spécialiste commence à lui parler de ce qu'elle redoutait jusqu'alors : PMA, don d'ovocytes, etc. « Je ne connaissais rien à tout cela, je pensais ne jamais avoir à en passer par là. La première fois qu'on m'a parlé de don d'ovocytes, j'étais très mal. J'ai mis du temps à m'y résoudre, je n'acceptais pas d'avoir un enfant qui ne soit pas de moi, qui ne porte pas mes gènes. Au départ, je refuse tout en bloc. Même s'il m'arrive, après chaque rendez-vous médical, de me mettre à mon ordinateur pour chercher des infos, des témoignages... J'avais beau lire, me renseigner, non, ce n'était pas possible, cette histoire n'était pas pour moi, je ne pouvais m'y résoudre. » Mais, à l'idée de ne pas avoir d'enfant du tout, Jeanne a soudain un sursaut : « Un jour, c'est venu d'un coup, je me suis dit, allez, ce n'est pas possible d'en rester là. Si c'est la seule solution pour en avoir, j'y vais ! »

Et Elie ? « Lui, il suivait. Comme d'habitude. Depuis le départ, il a toujours suivi. Il essayait de me rassurer en disant : "C'est toi qui porteras cet enfant, tu seras sa mère." Seulement, pour moi, c'était loin d'être aussi simple. C'est à ce moment-là que je vous ai consultée. J'avais besoin de prendre confiance en moi, d'oser faire cet enfant pour moi. Je ressentais une telle souffrance de ne pas en avoir. Alors, si c'était la seule manière... » Jeanne en vient à considérer que faire appel à une donneuse, finalement, « c'est une chance ». « Je me suis dit que la vie, en fin de compte, qu'est-ce que c'est si ce n'est le partage ? Et on évolue dans un monde où la science permet ce partage… » Tous ces questionnements sont oubliés quand elle apprend qu'elle est enceinte grâce à un don d'ovocytes et surtout que la grossesse tient.

« Lorsqu'on m'a mis Romain dans les bras pour la première fois, ce fut tellement magique ! C'était mon fils, le mien, comme une évidence. » Romain la comble, Romain qui n'a pas ses gènes. « Parfois il m'arrive de le regarder en pensant à cette autre femme… C'est vrai que physiquement on ne se ressemble pas beaucoup, mais je lui ai transmis tellement de choses. Il a des façons d'être qui sont de moi. » Elie ajoute en riant qu'il a parfois son sale caractère.

Sa voix vacille mais elle poursuit, comme pour se convaincre : « Qu'est-ce qu'on transmet ? Je pense qu'on ne sait pas tout scientifiquement sur les ressemblances… J'aime l'idée qu'il ait beaucoup de son père. Moi, je me pose plus de questions sur les femmes qui ont un enfant par un don de sperme. J'ai plus de mal avec ça, le fait qu'il n'y ait pas de figure paternelle. Si on s'était séparés avec Elie, si je m'étais retrouvée à 40 ans sans enfant… Je n'en aurais jamais fait un toute seule. Je veux qu'il grandisse avec un père. »

De sa donneuse anonyme, choisie pour elle en fonction de critères physiques ressemblants, elle sait peu de choses. « Je connais juste son âge, 25 ans, et son groupe sanguin. » Il sera donc impossible pour Romain de savoir qui est sa donneuse, à moins de recourir un jour peut-être à un test ADN.

Jeanne est tentée de se taire, de faire comme si de rien n'était. Pourquoi courir le risque d'être rejetée par Romain qui la comble de bonheur et joue un rôle central dans son couple ? À la question : « Votre mariage aurait-il tenu sans enfant ? » Jeanne répond : « Non, je ne serais pas restée. Elie, lui, aurait continué à vivre sa petite vie. Pour moi, il y aurait eu trop de frustrations, trop de tristesse, j'aurais fini par partir. D'ailleurs, j'ai bien conscience que ce qui me perturbe le plus c'est l'état de mon couple, qu'il faudra aussi expliquer à Romain. »

Peut-on dire que Jeanne, malgré tout, va bien ? Par certains côtés elle est comblée par cet enfant. Un amour fusionnel mère-fils, « eux contre le monde entier ». Lien qui pourrait être miné par la révélation du secret, pense-t-elle. Jeanne vit quotidiennement avec l'impression d'un affrontement avec le monde extérieur. Une fois mère, on aurait pu penser qu'elle serait apaisée, il n'en est rien. Aujourd'hui, quand on évoque la donneuse, c'est un peu pareil qu'avec sa sœur : la donneuse, si elle venait à être révélée, lui « volerait sa place » de mère et Jeanne s'est trop battue pour se laisser faire maintenant. Elle a ces mots : « Ce n'est pas l'histoire que j'aurais aimé écrire pour moi mais je l'arrange à ma manière. »

Chapitre 6

Xavier : « Et s'il ne me ressemblait pas ? »

Bénéficier d'un don de gamètes, c'est devoir accepter une rupture de la filiation, c'est se confronter à cette énigme parfois déconcertante, voire obsédante : à qui cet enfant va-t-il ressembler et, pour l'enfant, de qui tiens-je mes traits, ma personnalité ?

Autour du berceau, c'est la première chose que les autres remarquent : « Comme elle te ressemble ! », « Il a le menton de grand-père, non ? » Avoir un enfant, c'est perpétuer une chaîne, c'est retrouver quelque chose de son histoire, c'est laisser après soi un être qui nous ressemble, c'est aussi se rassurer narcissiquement. La ressemblance est toujours associée à la filiation biologique. Et quand la chaîne biologique est rompue, on n'en espère pas moins concevoir un enfant qui nous ressemble.

C'est pour cette raison que, dans les cliniques de fertilité, on tente de pallier l'absence de gènes communs en misant sur la « ressemblance ». Les équipes médicales choisissent de préférence des donneurs avec les mêmes critères phénotypiques :

couleur des cheveux, des yeux, de la peau pour s'approcher au plus près des caractéristiques physiques du couple demandeur. Une politique défendue par le Cecos (Centre d'étude et de conservation des œufs et du sperme humains) consiste même à attribuer les gamètes en fonction non seulement des caractères physiques de la personne stérile, mais des deux membres du couple. Cette façon de diluer l'image du donneur ou de la donneuse permet au couple d'avoir un enfant qui pourra leur ressembler à tous deux. Le Cecos conçoit le don comme étant prodigué, non pas à un des parents, mais à un couple. Les cliniques fonctionnent souvent différemment à l'étranger. Aux États-Unis et au Canada, par exemple, il est possible de sélectionner son donneur ou sa donneuse à partir de photographies, on peut ainsi choisir quelqu'un de semblable à soi. Au Danemark, chez Cryos, on peut aussi consulter des photos de donneurs de sperme alors qu'ils étaient enfants et les éventuelles qualités qu'ils ont souhaité lister. Ils peuvent aussi décider de rester anonymes ou pas. Quels que soient l'endroit et le mode pratiqué, comment ne pas voir derrière ces précautions le souci de rendre le manque de lien génétique secondaire ?

Xavier, 48 ans, a eu son enfant grâce à un don de sperme. Il vient en consultation pour tenter d'apprivoiser sa paternité pas comme les autres. Ce matin, il est plus nerveux que d'habitude. « Quand je regarde Antoine, se lance-t-il, je trouve qu'il ne me ressemble pas. » Antoine, son fils de 5 ans dont il me montre la photo, est un petit garçon blond aux joues rondes, casquette sur la tête, l'air d'un vrai petit Américain. Xavier est brun, très brun. « Je me surprends parfois à me demander, continue-t-il, qui est ce bel enfant ? C'est fugace mais automatiquement je pense au donneur. Antoine a beaucoup de cheveux, moi, non, alors je me dis que ça doit venir du donneur. Mais j'aurais préféré ne pas devoir y penser du tout, au donneur, pouvoir l'effacer. » Xavier ajoute soudain : « Ma femme a de la chance de l'avoir porté. Elle a vécu avec lui pendant neuf mois. Moi, je n'y suis pour rien, je n'ai rien fait, rien donné. » Et le désir, lui dis-je ? Xavier, d'abord surpris, semble comprendre le sens de ma question. « Le désir... Quand ma femme est partie accoucher, j'étais avec elle. Je tenais absolument à vivre ce moment à ses côtés, mais comme il a fallu en passer par une césarienne, on m'a fait sortir. À ce moment-là, j'ai été pris d'une grande anxiété. Je me suis posé plein de questions : et si jamais il était moche ? Et si jamais je ne l'aimais pas ? J'ai eu envie de partir, j'ai failli le faire. Tu as cinq minutes pour te décider, me suis-je dit. Finalement, je suis resté. Une heure plus tard, on me l'a mis dans les bras et mes angoisses se sont envolées d'un coup, j'ai tout de suite été ému, j'ai même pleuré, une vraie Madeleine ! »

Et pourtant, ce matin, les interrogations l'assaillent : « Je vois déjà qu'on n'a pas le même physique, lui et moi, poursuit-il. Antoine est solidement bâti. On n'a pas le même caractère non plus. Antoine aime chanter, se montrer, il est extraverti, il fait tout pour être admiré. Je suis plutôt réservé. On n'est pas pareils. » La séance se termine, Xavier a ces derniers mots : « Je me demande si j'ai peur de ces pensées qui me traversent, ou de lui – ou du donneur. »

On voit l'enjeu crucial qu'est la ressemblance. Alors que nombre de pères, sûrs de leur paternité biologique, ne s'inquiètent pas si leur enfant n'a pas leurs traits, ceux qui ont eu un enfant par don sont tourmentés par leur absence. Blessure narcissique, impression troublante d'avoir affaire à un étranger, mais surtout faille dans la filiation dynastique. Car avoir un enfant grâce à un donneur, ce n'est pas un simple renoncement à ses propres gènes, c'est aussi devoir accepter qu'on ne décèlera pas quelque chose de soi, de sa famille, dans son enfant. « Je ne retrouverai pas les magnifiques yeux violets de ma mère », ou encore : « J'aurais tellement aimé qu'il ait les taches de rousseur de mamie ! » Chez d'autres, certaines marques physiques sont devenues au fil du temps un véritable signe d'appartenance. Claire, une autre de mes patientes, regrettait de ne pas transmettre à son enfant la légère boiterie familiale. Cela peut paraître paradoxal mais nos particularités sont des signes d'alliance éternelle transmis de génération en génération.

En plus de ne pas retrouver dans son enfant les marques familiales, peut s'ajouter l'inquiétante étrangeté d'être face à quelqu'un qu'on ne reconnaît pas comme étant l'un des siens. Un vertige qui saisit Xavier : « Par moments, quand je regarde Antoine, l'image du donneur surgit. Cela est d'autant plus compliqué pour moi que je ne le connais pas, que je ne l'ai jamais vu même en photo. » À peine a-t-il avoué ce trouble qu'il tient à préciser : « J'aime passionnément Antoine ! C'est mon fils ! Il n'y a aucun doute là-dessus. » Aucun doute sur l'amour qu'il lui porte, mais il n'en reste pas moins que cette absence de ressemblance modifie sa façon de se sentir père. Xavier aimerait tellement voir quelque chose de lui dans son enfant.

Ces inquiétudes ne sont pas rares, elles se manifestent dès l'instant où la médecine annonce à ceux qui veulent être parents qu'ils vont devoir recourir à un don. Peur de ne rien découvrir d'eux lorsqu'ils regarderont leur enfant, culpabilité de ne rien restituer à leur famille ou de déroger à une dette de vie symbolique. Angoisse de ne pas apporter sa contribution à la pérennité de la chaîne familiale.

Sophie, à l'inverse, n'en finit pas de s'émerveiller des « étrangetés » de sa petite fille. « Quand je regarde Claire, je la trouve si mignonne, avec ses cheveux bouclés, moi qui ai la chevelure raide. » Non que Claire soit plus jolie que Sophie, mais cette dernière s'émerveille de ces différences et remercie tous les jours la donneuse qui lui a permis de connaître ce bonheur. Quant à Suzanne[1], elle s'accommode fort bien, voire se sent soulagée de ne pas transmettre ses gènes à son enfant : « Au moins, ma fille n'aura pas le terrain

1. Voir partie III, chapitre 8.

dépressif et suicidaire de la famille. On va enfin sortir de cette chaîne infernale et morbide ! »

Autant d'attitudes que de parents, autant de nuances dans la façon de percevoir son enfant et d'intégrer son donneur, qui conditionneront l'avenir.

Plus le donneur ou la donneuse sera intégré dans l'histoire familiale, plus les parents par don le considéreront comme un personnage bienveillant et non un rival, plus ils pourront l'oublier sans pour autant l'effacer et plus la famille évoluera avec harmonie.

Chapitre 7

Hermine : « Dès leur naissance, je leur ai tout dit »

« Il faut que je vous explique : ma mère ne m'a pas aimée au départ... J'ai peur que ça m'arrive à moi aussi. Surtout si mon enfant n'est pas génétiquement le mien. » Les interrogations se bousculent dans la bouche d'Hermine. Hermine, qui se prépare à partir pour l'Espagne afin de bénéficier d'un don d'ovocytes. Hermine, issue d'une famille montpelliéraine qu'elle qualifie de « bourgeoise », où, assure-t-elle, elle n'a pas manqué d'affection, même si, comme elle y fait allusion dès les premières secondes de notre entretien, sa maman n'a pas eu pour elle un élan immédiat. « C'est quoi, au fond, poursuit-elle, être une mère ? Est-ce que je ne serai qu'une porteuse ? Quelle sera ma légitimité ? Quel sera mon rôle ? »

Outre cette souffrance de ne pas avoir attiré immédiatement l'affection de celle qui l'a mise au monde, Hermine évoque le « tsunami » qu'a provoqué la mort de son petit frère, âgé d'à peine 3 mois. « Maman était folle de douleur. Tout s'est cristallisé sur son désespoir. Ma peine à moi n'existait pas ; elle n'était pas à la hauteur de la sienne. Il ne fallait pas déranger maman, qui ne sortait plus de sa chambre, surtout ne pas faire de bruit, papa y veillait. En plus, mes parents n'ont pas voulu m'apprendre la mort de mon petit frère, c'est ma grand-mère qui s'en est chargée. Elle m'a dit : “Ton frère est dans les nuages avec les petits anges.” J'ai eu l'impression, à 9 ans, d'être prise pour un bébé, j'aurais préféré qu'on me parle plus franchement. Et puis ils ne m'ont pas autorisée à venir à l'enterrement. De toute façon, je ne comptais plus pour eux. »

Après le choc de la mort de leur enfant, les parents décident de changer de vie et de monter leur propre entreprise à l'autre bout du département. Hermine a 11 ans, on la place toute la semaine chez ses grands-parents. « J'ai compris à ce moment-là que je ne vivrais plus jamais chez mes parents. Mes grands-parents étaient gentils mais laxistes, ils ne s'occupaient pas de mes devoirs, je regardais la télé jusqu'à pas d'heure… Ce n'était donc pas l'enfer, mais ils ne se rendaient pas compte que j'avais souvent le cafard. Les six premiers mois, je ne me suis pas lavée pour garder l'odeur de chez moi tellement j'étais triste. J'avais un calendrier sur mon mur, comme un bagnard, et je barrais les jours qui me rapprochaient du week-end. Mais quand je rentrais en fin de semaine, mes parents avaient tellement à faire pour leur nouvelle entreprise qu'ils n'avaient pas une minute à me consacrer. À l'école, mes résultats s'en ressentaient. Je n'essayais plus d'être bonne élève mais plutôt de m'effacer, je prenais la couleur des murs. La seule chose qui m'a sauvée, c'est le dessin. »

Diplômée des Beaux-Arts de Paris, elle travaille d'abord comme graphiste dans la pub, puis devient illustratrice de livres pour enfants, avant d'être embauchée par un journal de décoration. À 33 ans, chez des amis, elle rencontre celui qui deviendra son mari, Fabien. Un an après leur mariage, Hermine s'inquiète : aucune grossesse en vue. « Je ne comprenais pas, je suis d'une famille où les femmes ont toujours eu beaucoup d'enfants, j'étais persuadée que chez moi aussi les choses viendraient naturellement. » Une amie qui a connu cette inquiétude lui recommande un médecin spécialisé en PMA. « Je prends rendez-vous. Mais le processus est long, il faut attendre, se rendre sur place, remplir des dossiers, attendre encore, revenir... Or chaque mois compte, j'ai l'impression que le temps se dilate, que j'ai mis le doigt dans un engrenage qui bouffe semaines et énergie. Sans compter qu'il faut que je me rende à Clamart pour mes examens alors que je bosse à Levallois-Perret, à plus d'une heure de transport... »

La logistique, passe encore, mais les rapports humains aussi sont compliqués. « Je me souviens d'un médecin qui, sans préambule, m'annonce : "Vu votre âge, si vous arrivez à avoir un enfant, vous n'en aurez qu'un." Je ne comptais pas en avoir dix, mais ce manque de tact m'a assommée. »

Heureusement, le cabinet a une annexe à Neuilly où Hermine peut être suivie. Cela allège un peu son stress. « Après les premières injections, on me convoque pour me dire que je ne réagis pas aux stimulations. Je vois mon rêve d'avoir un enfant s'écrouler. Ne pas en avoir, pour moi, ce n'est pas pensable, pas vivable. Il y a des femmes qui renoncent et se sentent bien, moi, c'est comme si on m'avait annoncé un cancer, comme si on m'avait condamnée à mort. » Hermine retourne au travail « comme un automate »... Puis reprend le chemin de la clinique. « Je fais une FIV. On me dit que mes trois embryons ne sont pas viables. De fait, l'implantation se solde par une fausse couche. J'appelle ma mère, en larmes : “Mais c'est dans ta tête !” me rétorque-t-elle. Juste envie de hurler ! Qu'est-ce que ça veut dire, c'est dans ma tête ? Comme si je ne le voulais pas ! »

Parallèlement à ces tentatives, Fabien et Hermine, qui a désormais 38 ans, font une demande d'adoption. Réunions, psychologues, assistantes sociales, espoirs douchés, rareté des orphelins, à moins d'accepter des bébés lourdement handicapés ou des enfants déjà âgés de 10 ans... « Je continue mon traitement de FIV. Je me fais des piqûres partout, tout le temps. À la deuxième tentative, encore raté, mais la troisième fois est la bonne ! Pendant trois semaines, je flotte de joie. Un soir, alors qu'on doit aller dîner chez des amis, je me mets à saigner. J'ai l'impression de me vider. Je fais une fausse couche dans mes toilettes. Il y a du sang partout. Nous n'avions même pas encore réfléchi à un prénom... »

Il faut parfois entendre la vision personnelle et subjective d'un tel événement. Tant les parents meurtris sont souvent les seuls à ressentir la fausse couche comme la mort de leur enfant. Pour l'entourage, ce n'est que masses gluantes et caillots[1]. Comment faire comprendre aux autres, qui par bienveillance consolent en minimisant, que la perte, qui n'est pour eux que du sang, représente déjà le renoncement à l'enfant ?

Face aux larmes de sa fille, la maman d'Hermine, elle-même si marquée par le deuil de son fils, lui fait cette suggestion : « Et si tu achetais une petite poupée ? Et si tu l'enterrais symboliquement ? » « Cette idée a fait son chemin en moi et m'a permis de ne pas devenir folle, me dit Hermine. J'ai pu donner une forme à ce bébé, grâce à ça il n'est pas resté qu'un fœtus parti dans les toilettes. En France, on prend de mieux en mieux la mesure de la fausse couche, mais il reste beaucoup à faire… » Au Japon, par exemple, il y a une cérémonie particulière pour ces épreuves souvent niées par l'entourage : le *mizuko kuyō*. Les femmes qui ont fait une fausse couche ou perdu un bébé à la naissance y font l'offrande de figurines – ou *Jizō* – symbolisant leur enfant, qu'elles vont déposer dans un temple dédié, espace sacré où elles peuvent se recueillir. Le rituel est censé accompagner et faciliter le deuil.

« J'ai donc acheté une poupée que j'ai gardée sur moi, le temps symbolique de ma grossesse. J'ai acheté aussi une petite boîte et un doudou,

1. Muriel Flis-Trèves, *Le Deuil de maternité*, Calmann-Lévy, 2004.

j'y ai ajouté un faire-part de naissance et un faire-part de mort que j'avais peints moi-même. Je lui ai donné un prénom pouvant aller à un garçon comme à une fille. Nous sommes allés, mon mari et moi, jeter le tout dans la mer et on a fait une prière. »

Hermine ne se décourage pas pour autant. « Je me suis donné, comme à chaque fois, quelques jours pour pleurer, mais je n'en ai rien dit. Quand je me suis évanouie au bureau après ma fausse couche, j'ai trouvé une excuse. »

« Cette fois, j'ai 39 ans, de moins en moins de temps devant moi, je suis d'autant plus déterminée. Je sens que si je n'ai pas d'enfant, je ne peux pas vivre. C'est comme une maladie mortelle qui me gagne. » Inutile de se voiler la face : Hermine sait qu'elle va devoir recourir à un don d'ovocytes. Une démarche difficile, pleine d'inconnu, de peurs, de doutes. « Je me disais que cet enfant n'aurait pas grand-chose à voir avec moi génétiquement et je me demandais si je serais légitime en tant que mère. »

C'est pour accepter cette démarche, pour cesser de n'en voir que le côté négatif, qu'Hermine a décidé d'entreprendre un travail psychothérapeutique. Et elle ne vient pas seule. Fabien l'accompagne. Fabien parlera peu, mais sera l'auditeur privilégié de ses questions, de ses doutes : « Je vais porter un corps étranger, est-ce que je pourrai l'aimer ? C'est comme si on me demandait d'aimer une cellule, non ? Ce bébé n'aura pas grand-chose de moi, de ma famille, avec un peu de chance il prendra tout du côté de Fabien… J'imagine que ça doit être une vraie angoisse d'accoucher d'un enfant que vous ne reconnaissez pas… Ce n'est pas simplement une question de ressemblance mais plutôt une question d'affinité, quelque chose comme une odeur familière, intime… »

Hermine ne craint pas de se livrer, de mettre des mots, même crus, sur ses craintes, ses rejets. Elle ne parvient pas à imaginer la donneuse comme une femme, elle la voit comme un concentré de cellules étrangères qu'elle va devoir prendre en elle et accepter. Il faudra beaucoup de temps et de rendez-vous pour que cette image se transforme. Pour que la donneuse devienne à ses yeux un être humain incarné, bienveillant et généreux.

C'est plus confiante, déjà, qu'elle accepte de partir pour l'Espagne bénéficier d'un don d'ovocytes. Les premiers rendez-vous se passent bien. « Ils ont été très gentils. Non ce n'est pas le mot, ils ont été respectueux, disons qu'ils m'ont parlé avec des vrais mots. Qu'ils ne m'ont pas menti. » On lui explique qu'on va lui choisir une donneuse de 25 ans dont les caractéristiques physiques sont proches des siennes ; elle se sent en confiance. « J'ai 41 ans mais, ça n'a plus d'importance. Et pour moi c'est énorme. J'ai 41 ans mais ce n'est pas grave, parce que c'est l'âge de la donneuse qui compte ! Et elle a 25 ans donc j'ai 25 ans ! Le temps n'est plus le même du tout. Et elle donne dix-sept embryons ! Vous vous rendez compte ! On m'en implante deux et je rentre en France. Malheureusement ça ne marche pas mais je le vis beaucoup mieux, cette fois ce n'est plus de ma faute. Malgré l'échec, je ne me sens plus une sous-femme. »

Si le premier transfert ne marche pas, le second prend. Et la grossesse se déroule en toute sérénité. « J'ai accouché à 42 ans d'une petite fille superbe ! Quand j'ai pris Valérie dans mes bras, je l'ai trouvée tellement belle, je suis tombée amoureuse d'elle ! Personne n'avait le droit de la toucher sans que je sois à côté. Même pour les examens je ne la quittais pas, j'avais trop peur qu'on me la vole. Je l'ai nourrie jusqu'à 3 mois. C'était un rêve. Un truc de dingue. »

Sa fille a à peine 6 mois qu'Hermine pense déjà à agrandir sa famille. « Je dis à ma gynéco française que je veux un second enfant. Elle me répond : "Non, je ne vous suis pas, vous êtes trop âgée, c'est trop risqué." Fabien n'y tient pas non plus. Mais pas question de l'écouter, moi je ne veux pas d'un enfant unique. Je vais voir un autre obstétricien, qui accepte. »

Nouvelle tentative, avec une nouvelle donneuse, la précédente n'étant pas disponible. « Je suis tombée enceinte à 44 ans, j'ai eu une grossesse sans problème. J'ai accouché à 45 ans. Quand ma seconde fille est apparue, je n'ai pas eu la même évidence qu'avec la première. Ce ressenti a duré longtemps, pourtant je l'allaitais. Je me disais : peut-être que je ne l'aimerai jamais, heureusement j'en aime déjà une, tant pis, je m'habituerai à elle, je serai gentille, c'est tout. Et puis c'est arrivé trois ou quatre mois après. En fait, je n'arrivais pas à la dessiner dans ma tête. Elle ne laissait pas de trace. Comme si je ne la reconnaissais pas. Alors que l'aînée, je l'aurais distinguée parmi des milliards. Je n'en parlais à personne, sauf en thérapie, mais ça m'inquiétait. Je m'en voulais, je me disais : "T'es débile, ma fille. T'as fait tout ça pour ne rien ressentir !" J'avais hyper honte.

« Je me souviens d'avoir déjeuné à ce moment-là avec une copine du boulot, qui s'est mise à me raconter la naissance de sa fille et m'a confié qu'au début, elle n'avait rien ressenti. Je l'ai aussitôt coupée d'un "moi aussi !". "T'inquiète pas, ça va venir", m'a-t-elle tranquillisée. Ça m'a vachement rassurée.

« Aujourd'hui, je suis amoureuse de Lauren. C'est incroyable ! J'aime tellement mes filles, qui ont 7 et 4 ans, que parfois mon amour me fait peur… S'il leur arrivait le moindre truc…

« Pour Fabien, cette seconde paternité a été une évidence. Il faut ajouter que Lauren lui ressemble de plus en plus. S'il n'était pas chaud au départ, c'était seulement par rapport à moi. Par peur pour moi, de me voir accoucher à 45 ans. Je le trouve d'ailleurs un peu moins proche de Lauren, comme si elle était responsable de cette peur. Mais c'est peut-être une idée que je me fais. Ou peut-être suis-je trop fusionnelle avec elle et ne lui laisse pas assez de place…

« Lauren a un humour dingue, elle est tout ce que je ne suis pas : elle est impertinente, elle n'a peur de rien. C'est une qualité immense. Valérie, elle, est persévérante. Elle traverse des difficultés… Ce qui est troublant, c'est que j'ai été convoquée par sa prof qui m'a dit : "Il faudrait lui faire

faire des bilans." Là, j'ai eu cette pensée absurde : et si la donneuse avait un QI nul ? Non que je sois hyperintelligente, mais tout d'un coup j'ai eu peur qu'il y ait chez Valérie un truc qui m'échappe... En fait elle est intelligente, mais elle a des difficultés de dyslexie. Alors que Fabien était confiant, moi j'étais obsédée par cette histoire de QI. Je ne voyais plus ma fille mais une étrangère et, d'une certaine manière, je me suis sentie étrangère à elle pendant quelque temps. Il y a des choses chez elle qui m'échappent et m'échapperont toujours... Là, devant ses difficultés à l'école, je me suis dit zut, moi qui ai été mauvaise élève, voilà que ça me poursuit ! J'arrive quand même à me dire que c'est ma faute. En revanche, quand c'est positif, je sais que je n'en suis pas responsable, outre l'apport de la donneuse, je pense surtout à Fabien. Ma belle-mère était très belle et ma fille lui ressemble...

« Comme Valérie est dyslexique, je me dis : heureusement, elle est magnifique ! C'est affreux de dire ça (rires). Je ne me fais pas du tout confiance dans ces cas-là, c'est comme si je me mettais en dehors du truc et que j'analysais froidement les données de cette enfant. Valérie est sensible, fragile. Je ne voudrais pas qu'elle souffre, comme moi, quand j'étais cancre et que je priais le Seigneur, le soir, pour pouvoir être, ne serait-ce qu'une seule fois, bonne en classe. »

Depuis qu'Hermine est mère, son rapport au monde et aux autres a changé. Plus confiante en ses capacités, elle a fait le ménage dans sa vie entre ce qu'elle veut et ne veut plus faire désormais. « Longtemps, professionnellement, je me suis sentie nulle. Maintenant je m'habitue à ma nouvelle vie. J'ai démissionné de mon ancien poste, je me suis mise à mon compte, je peins des décors sur les murs des particuliers, les gens adorent, on me demande ma carte... Pour la première fois de mon existence professionnelle, je fais exactement ce que je voulais faire. J'avais commencé la peinture quand j'essayais d'avoir ma première fille. J'ai pris des cours avec une dame, ça m'a sauvée, sinon je serais devenue dingue. »

Ce qui l'a sauvée aussi, elle en est sûre, c'est d'avoir entrepris cette psychothérapie à trois. « Déjà j'ai eu l'impression d'attendre un enfant avec mon mari. Le fait de lui parler, c'était un moyen de lui dire tout ce que j'avais sur le cœur... Parce qu'on n'a pas vécu la même chose pendant l'attente : lui allait être génétiquement le père, c'est plus simple. Il a pu entendre mes angoisses, mes questionnements. Ça a permis de concrétiser quelque chose à deux. Sinon, quand on entreprend ce genre de parcours, on peut vite oublier qu'on fait un enfant à deux.

« Mes propos, même crus, je voulais que Fabien les entende. C'était une façon de mettre chacun dans son rôle, et de me convaincre en lui parlant que j'allais pouvoir être une mère. De me légitimer. Quand on n'a pas encore donné son amour à un enfant, on ne sait pas trop ce que c'est. C'est très abstrait. C'est tellement abstrait que d'en parler, ça donne de la chair. J'avais l'impression, séance après séance, de devenir mère, à ma façon, en tout cas dans ma tête. »

Une fois enceinte, comme Hermine disait ne pas savoir si elle allait aimer cet enfant, le fait de venir consulter l'a autorisée à le dire. « J'espérais que mon bébé ne comprendrait pas tout ce que j'étais en train de raconter en séance, même si je préférais dire toutes ces choses avant… Hors de la thérapie, je ne parle jamais à quiconque de la conception de mes filles. Sauf un jour, bien plus tard, à une amie d'amie qui était dans la même situation. Pour éviter qu'elle passe par les mêmes affres, j'ai craqué, je lui ai raconté mon périple, Fabien l'a pris comme une trahison, pour lui ça devait rester un secret. Mes trois meilleures amies le savent, mes parents, mes frères, oncles et tantes. Du côté de Fabien, seuls mes beaux-parents et ma belle-sœur sont au courant. »

Hermine ne veut pas cacher la vérité à ses filles. « Dès le lendemain de leur naissance, chacune, peau contre peau, je leur ai raconté leur histoire, nos difficultés, et comment, grâce à une dame en Espagne, j'avais la joie de les tenir dans mes bras.

« Plus tard, quand elles ont commencé à me poser des questions sur comment viennent les bébés, etc., je leur ai dit : "Vous, c'est un peu particulier…" Une autre fois, alors que je disais que j'adorais l'Espagne, Valérie m'a demandé pourquoi et je lui ai expliqué que la gentille dame grâce à qui elle était née venait d'Espagne et que, sans elle, je ne l'aurais pas eue. Elle a seulement dit : "Ah oui !" »

« Je ne sais pas encore quoi faire de ce secret. Fabien, qui est pourtant plus "légitime" que moi, ne supporte pas que j'en parle avec elles, leurs origines ont donc encore un statut tabou pour lui et je sens que ça les affecte. Moi, avec mes filles, je le fais très librement. Valérie m'a dit : "C'est un peu notre secret à nous." Mais un jour, la maîtresse de Valérie, à qui j'en avais parlé, m'a fait cette réflexion : "Ah, c'est pour ça qu'elle murmure !" Lauren aussi parle bas. Est-ce que c'est parce qu'elles sont toutes deux timides comme leur père ? Parce qu'elles se sentent tenues par un secret ? Ou sentent-elles que, nous les parents, on n'est pas prêts à en parler ?

« Comme je n'ai pas envie que ce soit un secret trop lourd pour elles, voire un secret du tout, je leur réponds volontiers quand elles me posent des questions. Je leur dis : "Dans une clinique en Espagne, on a mis dans mon ventre la graine d'une dame, une donneuse, qu'on a mélangée avec la petite graine de papa." Si vraiment elles le souhaitent, je les autorise à en parler, mais je leur conseille de ne le dire qu'à des gens qu'elles aiment beaucoup, en qui elles ont confiance.

« Pour ma part, c'est vrai que j'en ai parlé à mes plus proches amies. C'était avant de me lancer dans une PMA, parce que j'étais paumée. Mais je ne regrette rien, leur bienveillance et leurs encouragements m'ont permis de mener à bien cette aventure. Parce que, franchement, c'est génial ! Je trouve qu'il devrait y avoir beaucoup plus d'informations sur cette possibilité de faire des enfants tardivement dans nos hôpitaux. »

Hermine n'a qu'un regret : ne pas avoir choisi, pour ses PMA, un pays qui permette de connaître l'identité des donneuses. « Je comprendrais très bien que mes filles soient curieuses de leurs origines. Je suis triste à l'idée qu'elles ne pourront jamais en savoir plus. Je me sens d'une grande impuissance. Il y aura toujours une zone de mystère dans leur vie. C'est terrible, cet anonymat, vraiment. Si ce n'est pour les questions médicales. À chaque fois qu'un médecin me demande leurs antécédents, je peux simplement dire qu'elles sont nées d'un don d'ovocytes. C'est important pour moi de le dire, comme ça, ce n'est plus un mystère pour le médecin en face de moi, ni pour mes filles. »

Si, malgré tout, elles retrouvaient un jour leurs donneuses, que ressentirait Hermine ? « Je sais que certaines femmes ont peur d'une éventuelle concurrence, moi je ne crois pas une seconde qu'il puisse y en avoir ! Tant mieux, si elles rencontrent quelqu'un qu'elles apprécient. Cela ne remettra pas une seconde en cause ma légitimité. Je me sens tellement mère ! J'ai accouché. Je les ai allaitées, veillées. Je me soucie d'elles au quotidien, je les aime, je suis leur mère complètement ! Et même si j'imagine la donneuse un peu en flou, je sais ce que je lui dois, ce que je leur dois. Ces femmes, ce sont des sauveuses, à qui je dois tout bonnement la vie ! Si je n'avais pas eu d'enfants, je me serais suicidée, j'en suis convaincue. Elles m'ont guérie d'une maladie mortelle.

« Mes parents et mes beaux-parents eux aussi sont fous de leurs petites-filles. Mon père, pour me taquiner, me dit souvent : "T'as de la chance d'avoir des filles aussi mignonnes, moi je n'ai pas eu le droit à ça !" Et ce qui est amusant, c'est que j'ai des relations qui ne sont pas au courant, et qui me disent combien mes filles me ressemblent... »

Chapitre 8

Suzanne : « Ma fille adore que je lui raconte son histoire »

Dans la famille de Suzanne, tout le monde le sait. Tout le monde sait que Laure est née d'un don d'ovocytes. « Ce n'est pas un secret, même si cela reste du domaine de l'intime, précise-t-elle. Je ne le claironne pas à mes collègues de travail, mais ma famille, mes amis proches connaissent notre parcours. » C'est parce qu'elle estime qu'il n'y a rien à cacher que Suzanne, dès la grossesse, a choisi de dire à sa fille son chemin de conception. « Enceinte, je lui parlais tout le temps, j'avais l'impression qu'on communiquait et qu'elle me répondait. Dès le lendemain de sa naissance, je lui ai raconté à nouveau son histoire. Je me souviens, c'était vers 10 heures du matin, on était seules toutes les deux dans la chambre de la maternité, je l'ai prise dans mes bras, je lui ai dit à l'oreille à quel point j'étais heureuse qu'elle soit là et comment ce rêve s'était réalisé. »

Suzanne, émue à l'évocation de ces moments, se félicite d'avoir trouvé naturellement les mots.

« Pour mon mari et moi, il n'y aura pas de révélation, nous lui disons régulièrement les choses. Elle n'a que 6 ans, elle va oublier bien sûr, mais on les redit et on les redira. Si quelqu'un, un jour à l'école, lui en parle de façon brutale, ce ne sera pas grave, elle sera peut-être triste, peut-être en colère, et si elle veut nous en parler on en parlera ! » D'ailleurs, poursuit-elle, « Laure adore qu'on lui raconte son histoire. Sa partie préférée : "Maman, redis-moi quand j'étais dans ton ventre, et que j'ai grandi, grandi, grandi, et qu'il n'y avait plus de place et que je suis née." Je vois bien derrière cette demande le plaisir qu'elle a à réentendre le désir qu'on a eu d'elle, nos difficultés surmontées et la joie de sa venue. J'en profite pour lui expliquer comment on fait les bébés et comment elle a été faite, elle ». Suzanne s'appuie parfois sur des petits livres pour enfants qui traitent de ces conceptions différentes. « Il y est dit que pour faire un bébé, il faut une graine, une du papa, une de la maman, qui se mélangent pour donner une graine de bébé. Que cette graine de bébé va ensuite dans le ventre de la maman, où elle s'accroche, mais parfois pas. Si elle s'accroche, elle grandit, elle devient un bébé. Mais si les graines de maman, par exemple, ont un problème, alors on peut avoir recours à une dame qui donne une graine à maman pour que maman puisse mettre au monde un bébé. Nous tournons les pages ensemble ; le jeu des images, l'intimité de la lecture du soir favorisent ce moment privilégié entre nous. »

Ces moments de sérénité, Suzanne, elle, est loin de les avoir connus enfant… « J'ai eu un peu le pire », résume-t-elle dans un sourire. Des parents défaillants – père drogué, mère gravement dépressive –, une jeunesse bousculée par leurs tentatives de suicide, la sensation de ne pas exister. « Malgré tout, j'ai toujours voulu avoir des enfants. En me promettant que je ne ferais pas comme eux. »

Suzanne a 10 ans lorsque sa mère, attachée de presse, tente de mettre fin à ses jours pour la première fois. « Quand on est enfant, c'est la gifle la plus magistrale que l'on peut prendre. Un enfant, ça se croit au centre de l'Univers. Je suis là, je suis incroyable, je suis merveilleuse, je suis dans ta vie et pourtant je ne suis pas assez importante ? Tu ne veux pas vivre pour moi ? Tu ne veux pas vivre pour être ma mère ? » Ses parents, qui se sont séparés, alternent chacun à leur tour des phases d'excès et de démesure avec des périodes de dépression nécessitant plusieurs hospitalisations. Un soir, inquiète que sa mère ne descende pas dîner, Suzanne entre dans sa chambre et la trouve morte. Elle a tout juste 18 ans. « J'ai grandi trop vite et je suis devenue adulte très tôt. Ma seule préoccupation c'était de veiller sur ma petite sœur, et il fallait que la maison tourne. »

Suzanne s'accroche aux études, elle est brillante. Durant son cursus, elle rencontre un jeune homme. Coup de foudre, suivi par neuf ans de vie commune dont trois heureux. C'est que le garçon est d'un tempérament sombre, angoissé, incapable de prendre une décision et, le temps passant, incapable de se projeter alors qu'elle souhaite ardemment avoir un enfant de lui. « Mon quotidien était une lutte permanente pour le sortir de sa dépression. J'étais celle qui devait le sauver, lui faire retrouver le sourire, le soigner : une grammaire affective que j'avais si bien apprise enfant… » Après leur séparation, elle rencontre l'homme avec lequel elle est mariée aujourd'hui. Équilibré, stable et respectueux. Au bout de quelques mois, ils désirent avoir un enfant ensemble. Elle a 34 ans. « On s'est trouvés, on était conscients de notre âge, il n'était pas question d'attendre. Mais au moment où j'ai arrêté de prendre la pilule, mon père est tombé malade d'un cancer et ma petite sœur a accouché. Nos moments d'intimité sont devenus plus rares. »

Six mois passent, Suzanne n'est toujours pas enceinte. Elle va consulter, fait faire son bilan de fertilité et, au vu des résultats, comprend que si elle veut un enfant, elle doit recourir à une procréation médicalement assistée. « C'est une épreuve qu'on a traversée ensemble. Elle a duré deux ans. Insémination artificielle, FIV… Sans succès. En fait, c'est comme des ceintures de judo, cela devient de plus en plus difficile. Il y a d'abord une trompe bouchée, un cycle trop long, il faut un petit traitement, et ça marche, mais nous, ça n'a pas marché. On m'a fait comprendre qu'avec mes ovocytes, je ne pourrais pas avoir d'enfant. Ce n'était pas seulement un problème de quantité, mais aussi de qualité. Je me suis sentie périmée comme un vieux yaourt oublié dans le frigo. Et bien sûr, je suis passée par la phase “Si tu étais avec quelqu’un d’autre, tu pourrais avoir des enfants”, mais mon mari me répondait que c’était avec moi qu’il voulait en avoir. On a commencé à se renseigner auprès des associations et des forums, à parler d’adoption, de don à l’étranger… » Suzanne doit apprivoiser l’idée que si grossesse il y a, ce ne sera pas avec ses ovocytes. « Cela prend des mois de faire le deuil de l’enfant biologique. Nous avons rencontré plein de parents et d’enfants nés de toutes sortes de manières. Ça m’a permis d’avoir moins peur et de me décider à recourir à un don à l’étranger. Nous sommes allés dans un pays où le don était anonyme, pas par volonté mais parce qu’il y avait de la place et donc moins d’attente. Cinq mois plus tard, j’étais enceinte, ma grossesse s’est très bien passée, pas de fatigue, pas de nausée, j’ai continué à travailler jusqu’au bout. Seul bémol, ces interrogations qui me taraudaient : est-ce que je vais pouvoir aimer un enfant qui ne vient pas de moi ? Est-ce que je pourrai oublier cette femme qui a donné à ma place ? Est-ce que je saurai être une bonne mère ? »

Partie IV

Faciliter la parole

Chapitre 1

Le besoin de savoir : une nécessité humaine

Des millions d'Américains ont déjà fait le test. Ce fameux test ADN, encore interdit en France, que nombre de nos compatriotes se sont procuré *via* internet, souvent même pour l'offrir à Noël. Pour quelques dizaines d'euros, un peu de salive prélevée, expédiée dans une éprouvette à une société américaine, on reçoit quelques semaines plus tard une analyse de ses origines. Une simple curiosité pour la plupart, histoire d'en apprendre un peu plus sur leur hérédité. Mais une démarche qui ressemble à une bouteille lancée à la mer pour ceux qui ne connaissent pas leur origine biologique, pour ceux qui sont nés de gamètes anonymes. Et si cela pouvait éclairer le mystère de leurs origines ? Leur permettre de remonter à la personne qui leur a transmis ses gènes ? Savoir enfin.

En comparaison avec l'amour donné et les soins prodigués, le désir d'enfant des parents d'intention ne devrait-il pas suffire ? Et on pourrait se demander ce que représentent, pour ces enfants devenus adultes, de « simples cellules congelées ». Bien que nés du secret, ils n'ont pas manqué d'affection, la plupart conviennent qu'ils ont de bons parents et qu'ils n'en cherchent pas d'autres. Malgré tout, il leur manque quelque chose. Même s'ils n'ont pas été mis au courant du *modus operandi* de leur procréation, même s'ils sont censés ne pas savoir, c'est comme s'ils subodoraient depuis toujours une énigme les concernant. Une énigme qui influe sur leur comportement, orientant parfois leur vie affective comme professionnelle. « J'ai l'impression qu'il manque une pièce à mon puzzle », dit Hélène. « J'étais l'ombre de moi-même », renchérit Jean. Ou encore Denis : « Je me sens incomplet. » Certaines familles accusent des silences. Les curieux silences des voix qui se taisent lorsqu'on entre dans une pièce…

Des silences qui sont aussi le reflet d'une longue histoire. Petit rappel sur la PMA : au départ, on ne pratiquait que des inséminations artificielles avec sperme d'un donneur, le don d'ovocytes n'ayant pas encore cours. On procédait, dans le cabinet d'un gynécologue, incognito et en toute clandestinité, à une insémination avec du sperme frais d'un donneur – volontaire et dédommagé –, souvent un étudiant en médecine. Il n'y avait aucun contact sexuel entre la receveuse et le géniteur. Une pratique discrète mais courante. Recourir à la semence d'un tiers dans l'intimité d'un couple, n'est-ce pas en quelque sorte permettre un adultère symbolique ? On se devait donc de le cacher à tous, et surtout à l'enfant né de ce don. Une autre façon de faire était de recourir à un amant, caché de l'entourage, parfois connu du mari, et l'enfant qui en résultait devenait celui du mari[1].

Ces pratiques assez libres ont eu cours jusqu'en 1973, année où le professeur Georges David créa le Cecos afin de faciliter et de réglementer l'insémination avec un donneur (IAD). Il visait ainsi à sortir l'insémination de la clandestinité et à l'encadrer par des procédures d'évaluation et des règles éthiques fondées sur le volontariat, la gratuité et l'anonymat. L'anonymat particulièrement. Au nom du respect pour les familles, ou dans la crainte qu'un jour l'enfant, devenu adulte, n'aille réclamer des comptes à son donneur... Ou que ce dernier ne vienne « sonner à la porte » de l'enfant né de son don pour lui annoncer : « Je suis ton père ! » En faisant disparaître le donneur du paysage, on a voulu rassurer une société inquiète et des couples qui ne demandaient alors qu'à être des parents comme les autres[2].

Quant au don d'ovocytes proposé aux femmes, il se pratiquait déjà aussi dans les années 1980, mais d'une façon originale, sans vraies règles définies. Il s'effectuait à l'hôpital, dans le service de gynécologie sous le contrôle d'un médecin, le don provenait d'une femme qui l'offrait à une autre

1. Voir les films *The Proposition*, de Lesli Linka Glatter, avec Madeleine Stowe, Kenneth Branagh et William Hurt, 1998, et *Firelight, le lien secret*, de William Nicholson, avec Sophie Marceau et Stephen Dillane, 1998.
2. Violaine de Montclos, *Le Point*, 31 mai 2007.

femme connue d'elle. Elles venaient ensemble, sœurs, amies, alliées... Le don d'ovocytes était donc direct et se faisait à visage découvert. Puis, avec la loi de bioéthique de 1994, il s'est aligné lui aussi sur les règles éthiques du Cecos ; il est devenu anonyme, gratuit et volontaire. L'enfant, né d'un tiers donneur, était rattaché à la filiation charnelle des parents demandeurs. Dans le souci de ne pas singulariser les enfants nés par don et d'éviter de fragiliser davantage les familles. On choisissait un donneur avec des caractéristiques physiques proches des parents pour que l'enfant ait le plus de proximité et d'affinités avec eux. La stérilité étant vécue comme un sujet tabou, on leur conseillait de taire le geste.

Le temps passant, on a fini par s'apercevoir que ce grand jeu du silence institutionnalisé faisait plus de mal que de bien. En plus de ne pas connaître l'identité de leur donneur, ces enfants nés d'un don se sentent « incomplets » à l'âge adulte, ils évoquent aussi la crainte d'une rencontre amoureuse incestueuse avec un demi-frère ou sœur inconnue. Ils avancent le droit d'avoir une connaissance de leurs antécédents génétiques afin de se réapproprier leur histoire. Les défenseurs de la levée de l'anonymat espéraient que la loi de bioéthique de 2011 leur donnerait raison. Ce ne fut pas le cas. Mais le 31 juillet 2020, l'Assemblée nationale a écouté le discours de l'avocate Audrey Kermalvezen, 40 ans, spécialisée en bioéthique, née elle-même d'un don de gamètes, pour obtenir que l'anonymat soit levé à la majorité, comme dans d'autres pays (Suède, Royaume-Uni...). La loi de bioéthique de 2021, qui a pris effet l'année suivante, stipule que ceux qui sont nés de PMA pourront, à leur majorité, obtenir l'identité de leur donneur. À condition que celui-ci le veuille aussi, sinon ils n'auront droit qu'à des « données non identifiantes » (l'âge, les antécédents médicaux, la ville...).

Forts de la possibilité offerte de connaître leurs origines, tous les jeunes adultes nés d'un don ne les rechercheront pas forcément. D'autant que, faut-il le rappeler, lever l'anonymat ne veut en aucun cas dire imposer à tous de rechercher ses origines. Ceux qui ne le souhaitent pas n'y seront en rien obligés.

Malheureusement pour ceux déjà majeurs, la loi n'est pas rétroactive. Ainsi des dizaines de milliers d'hommes et de femmes en France resteront confrontés au mystère de leurs origines même s'ils aspirent à en savoir un peu plus. Ce peut être pour mettre une photo sur un visage, pour connaître leurs racines, leur passé biologique (maladies, tares...). Pourquoi ne pas ajouter un peu d'humanité à cette béance originelle ?

Arthur, l'époux d'Audrey Kermalvezen, en sait quelque chose, lui qui a eu la chance, à la suite d'un test ADN, de retrouver son géniteur[3]. Arthur, à la différence d'Audrey, a toujours su qu'il était né d'un don. Ses parents lui parlaient régulièrement du gentil monsieur à qui ils devaient tous beaucoup, et qui lui a permis de

3. Voir interview au chapitre 3 de cette même partie.

voir le jour en 1983. Mais qui pouvait être ce gentil monsieur ? Cette question n'a cessé de le tourmenter au point de « polluer toute [sa] jeunesse ». Malheureux avec sa part d'ombre, Arthur, qui a retrouvé son géniteur et entretient avec lui une relation cordiale, est de ceux, avec son épouse, qui ont beaucoup contribué à faire bouger les choses.

Il est difficile de se construire sans savoir d'où l'on vient. Hélas, encore beaucoup d'adultes sont privés de quelque chose qui leur appartient, et dont la société dispose : le dossier du donneur qui dort dans un « placard verrouillé », créant un vide douloureux. Au point parfois de devenir une obsession.

« Inattendu retour de flamme pour les spécialistes de l'assistance médicale à la procréation. Eux qui s'échinent depuis quarante ans à "désinvestir" les gamètes de tout contenu identitaire s'entendent aujourd'hui réclamer de la bouche de quelques-uns de ces enfants des photos de leur donneur. Eux qui au départ offrirent l'anonymat en gage de garantie éthique à une société encore très hostile à ce mode de conception se voient désormais reprocher ce principe fondateur[4]. »

Secret qui taraude, jusqu'aux générations suivantes. Comme le fils de Corinne, mère de trois enfants, veuve, qui a commandé un test ADN. Par curiosité seulement, affirme-t-il, pour connaître son profil ethnique… Seulement ? S'il le dit. Le

4. Violaine de Montclos, « Nés de sperme inconnu », *Le Point*, 31 mai 2007.

fait est que Corinne est ce qu'on appelait « une enfant de la honte ». Née d'une mère adolescente, tombée enceinte à dix-sept ans, elle est de ces hommes et ces femmes qui ont dû se construire sur un silence. Jamais sa mère n'a voulu lui révéler qui est son père. Pas un aveu, pas un indice. Le vide. Et voilà que le test révèle que Corinne a une demi-sœur. Qui plus est dans la même région. Première prise de contact au téléphone, puis elle rencontre Nadine. Là, Corinne, née en 1954, en apprend un peu plus grâce à cette sœur née en 1955 : leur père était un soldat américain basé après-guerre dans l'Indre. Elle lui donne même son patronyme, Laurenz. Nadine tient ces informations de sa mère[5]. « Les deux sœurs décident de poursuivre l'enquête et, de fil en aiguille, se découvrent un demi-frère à Washington. D'abord en photo. Les mêmes yeux, la même blondeur. « Moi qui ne ressemblais à personne, voilà que je découvre un demi-frère à qui je ressemble comme une jumelle. » Le silence se remplit. Ses questions ont trouvé un début de réponse.

Pour ceux qui sont nés de sperme donné dans un laboratoire, il y a souvent le même souhait de connaître l'homme qui a fait ce don, ses motivations, ses origines sociale, raciale, géographique. Plus que d'identifier une personne, ils veulent en avoir une représentation.

---

5. Guylaine Idoux, « Comment une Française s'est découvert une famille aux États-Unis grâce à un test ADN », *Le Journal du dimanche*, 20 janvier 2020.

Chapitre 2

Audrey : un combat contre le secret

Audrey Kermalvezen, dont nous avons parlé au chapitre précédent, est donc née d'un don de sperme. S'il faut illustrer la douleur de ne rien savoir de ses racines, s'il faut mesurer la lutte de ceux et celles qui se battent pour la levée du secret de leur dossier médical, les mots d'Audrey sont édifiants. Prononcés lors d'un colloque[1], nous aimerions vous les faire partager.

« Au commencement, était un don et même plusieurs, couverts par le sceau du secret. Jusqu'à mes 29 ans, j'ai cru que je ne devais mon existence qu'à mes seuls parents. À 23 ans, hasard ou coïncidence, j'ai choisi de me spécialiser en droit de la bioéthique. Je me suis donc intéressée de près aux questions de fin de vie, de clonage thérapeutique et de procréation médicalement assistée. À cette époque-là, j'ignorais totalement que j'étais moi-même un des produits de la bioéthique. Mes parents ne m'ont révélé que six ans

1. Colloque Gypsy, *Confiance, Défiance, Trahison*, PUF, 2019.

plus tard qu'ils avaient fait appel à l'aide biologique d'un tiers pour nous concevoir, mon frère et moi. Le jour de l'annonce j'avais 29 ans, mon frère 32. J'ai vécu un coup de tonnerre. Le premier sentiment qui m'est venu, c'est un sentiment de trahison. Et de colère. Parce que j'avais souvent posé des questions et imaginé comme beaucoup d'enfants que j'aurais pu être adoptée. "Tout le monde se le demande un jour ou l'autre", m'avait dit ma mère. À aucun moment je n'aurais pu imaginer que cette puéricultrice, grande fan de Françoise Dolto, avait pu ne pas me dire l'entière vérité. Mes parents nous avaient expliqué, à mon frère et moi, qu'ils avaient eu des difficultés pour avoir des enfants, que ma mère avait dû subir pendant plusieurs années des traitements. C'était vrai. Du coup tout était plausible : le délai entre le mariage de mes parents et la naissance de leur premier enfant, leur gêne lorsque je demandais avec insistance d'avoir un petit frère ou une petite sœur. Par contre, mes parents avaient toujours passé sous silence la stérilité de mon père. Je comprenais pleinement qu'ils aient rencontré des difficultés à assumer publiquement leur infertilité, compte tenu de l'amalgame qui est parfois véhiculé entre infertilité masculine et impuissance. Mais, à nous, comment avaient-ils pu nous le cacher ? Je repensais aussi à ces moments où, adolescente, je me sentais différente des autres ; je l'avais confié à mes parents et, avec le recul, je me dis qu'ils avaient la clé, or ils m'ont laissée patauger. Que de temps perdu.

« Avec le temps, j'ai pardonné ; nos relations parentales se sont apaisées, mais les questions autour de mon géniteur, elles, sont restées bien présentes. Et elles se sont doublées d'une difficulté à faire confiance en général, sans doute une conséquence logique du mensonge dans lequel nos propres parents nous ont élevés, malgré eux. Très vite, j'ai contacté la banque de sperme où j'avais été conçue. Je voulais au moins savoir si mon frère et moi avions eu le même donneur. "On ne peut rien vous dire, c'est anonyme." Mais en quoi cela me permettrait de connaître l'identité de mon donneur ? Je vous demande simplement si c'est la même personne ! Parce que j'avais besoin de me le représenter. "On ne peut rien vous dire, l'anonymat couvre à la fois le nom et les données non identifiantes." Avocate, spécialisée en droit de la bioéthique, je me suis dit : je vais saisir la justice, le droit est de mon côté, les textes sont clairs, ils protègent uniquement le nom du donneur. Je voudrais au moins savoir quels sont ses antécédents médicaux, à ce jour, pas au moment du don, mais à ce jour ; et combien de fois il a donné, pour pouvoir évaluer approximativement le nombre de mes demi-frères et sœurs biologiques. Puisque l'anonymat est inscrit dans la loi pour la première fois en 1994 – j'avais 14 ans –, on le lui a imposé, finalement, à ce donneur. Pourquoi ne pas lui poser la question à lui ? Souhaite-t-il, ou non, rester anonyme à mon égard ? S'il dit oui, bien sûr sa décision doit être respectée, mais pourquoi ne pas prendre en considération son avis à ce jour ?

Pourquoi présumer qu'il veut forcément rester anonyme ? »

Le combat commence pour Audrey. Mais pas question de le livrer en solitaire. « J'ai lancé un appel au sein de l'association à laquelle j'appartenais, et j'ai proposé à tout le monde d'être leur avocate gracieusement. Cette association, ce sont trois cents personnes, des hommes et des femmes comme moi, qui ne cherchent pas un père – ils en ont un – mais qui veulent savoir à qui ils doivent la vie. Et si les autres membres de leur fratrie ont eu le même géniteur. »

À ce stade, elle n'envisage pas de faire un test ADN. Avocate, la jeune femme veut rester dans la légalité. Mais ses requêtes, ainsi que celles des membres de l'association, sont toutes intégralement rejetées. « Nous n'avons pas eu le droit de savoir si nos frères et sœurs étaient issus du même donneur que le nôtre, nos parents n'avaient pas eu ce droit non plus. » Cette fois, certains se décident à faire un test ADN. Et c'est ainsi qu'Audrey apprend qu'elle a une demi-sœur parmi les adhérentes de l'association ! Cette découverte renforce leur lien et ceux de leurs fratries respectives. Déjà quatre personnes pour un même donneur ! « Statistiquement, remarque Audrey, ça fait beaucoup. C'est même un peu effrayant. On sera peut-être plus amers quand on découvrira le cinquantième ! Parce qu'en fait, à l'époque de notre conception, les donneurs, en tout cas à Necker, étaient rémunérés. Certains diront : non, pas rémunérés, indemnisés. Certes, mais ils percevaient 100 francs à chaque don.

100 francs dans les années 1970, c'est l'équivalent de 88 euros aujourd'hui, c'est une somme pour un étudiant et il n'y avait pas de loi qui limitait le nombre d'enfants susceptibles d'être conçus par un même donneur. »

Découvrir d'autres membres de son sang change tout pour Audrey. « Malgré le vertige que m'inspire la potentielle multiplicité de mes demi-frères et demi-sœurs biologiques, je me sens plus ancrée et même renforcée. Lorsque j'ai appris mon mode de conception, j'ai éprouvé un sentiment d'irréalité, comme si le temps s'était arrêté. Mon frère a eu cette image : c'est comme si on avait une racine dans le sol et l'autre qui flotterait dans les airs. J'avais tellement été déçue d'apprendre que je ne tenais pas de mon père ni de mes grands-parents paternels que j'adore, même si bien sûr ils nous ont transmis bien autre chose que des gènes. Mais difficile d'intégrer cette nouvelle alors que nous ne savions toujours rien du donneur. Je me sentais coincée entre deux portes. Mon père n'était pas mon géniteur, cette porte-là s'est refermée définitivement, mais la deuxième qui s'ouvre sur cette autre réalité qu'on m'a livrée est verrouillée à double tour. Pour digérer la nouvelle j'avais besoin de concret, comme certains ont besoin de voir le corps pour matérialiser la mort et commencer un travail de deuil. Je devais accepter que mon père ne soit pas mon géniteur, même si, bien sûr, il reste mon père. Apprendre que nous sommes quatre personnes du même donneur me permet de mesurer l'étrangeté de mon mode de conception qui, jusqu'alors, était resté tellement abstrait. »

Audrey a saisi la Cour européenne des droits de l'homme. Bien sûr, aujourd'hui elle se félicite de l'évolution de la loi de bioéthique pour ce qui est de connaître le donneur, mais la trouve insuffisante parce qu'elle n'est pas rétroactive. Pour ceux déjà nés, pas de possibilité de contacter les donneurs. Ne serait-ce que pour actualiser leurs données médicales… « Je comprends très bien qu'un donneur n'ait pas forcément envie de se faire connaître, mais au moins on peut lui poser la question… » Et de conclure : « Aujourd'hui, c'est moi, demain ce sera peut-être vous, parce qu'avec les tests ADN, le rapport avec la vérité reproductive change pour tout le monde et pas seulement en matière de PMA. »

Chapitre 3

Arthur Kermalvezen : du test ADN à sa rencontre avec le donneur

Arthur Kermalvezen[1], né d'un don de gamètes, est le premier Français à avoir retrouvé son géniteur. Il avait 34 ans, en 2017, quand enfin, grâce à un test ADN, il a pu mettre un nom et un visage sur celui qui a permis à sa mère et à son père, infertile, d'être parents. Résultat d'une longue attente, pleine d'espoirs contrariés et d'obstination. Un combat déséquilibré face au silence administratif : le secret de l'identité des donneurs étant alors de mise. Si sa ténacité a porté ses fruits, il reste un militant disponible pour soutenir ceux qui doivent toujours se construire sur cette vacance[2]. Un témoignage précieux qu'il a accepté de nous livrer ici et qui nous aide pour mesurer l'impact délétère du secret et l'importance de connaître la vérité.

1. Arthur Kermalvezen et Charlotte Rotman, *Le Fils*, L'Iconoclaste, 2019.

2. Fondateur, avec Audrey Kermalvezen, de l'association Origines, https://associationorigines.com.

« Mes deux sœurs et moi, nous avons toujours su que nous étions nés d'un don[3]. Notre mère nous en a parlé dès que nous étions dans son ventre. Elle tenait à nous le dire parce que, psychanalyste, elle sait qu'un enfant capte tout, et avant tout ce qui n'est pas dit. Elle préférait que ses enfants l'apprennent de sa bouche plutôt que leur inconscient le capte par bribes, par des silences ou par de la gêne, de quoi composer un puzzle encombrant. Et puis elle ne voulait pas fonder une famille où il n'y ait pas de confiance.

« On ne nous l'a donc jamais caché puisqu'elle nous en parlait régulièrement, et je crois en avoir pris conscience à 5 ans. Mais le sujet me saoulait. J'étais à l'âge où mon père c'était mon père, il ne fallait pas y toucher. Pour lui, la découverte de sa stérilité a été la chose la plus atroce qu'il ait eu à vivre sur terre. Alors forcément, nous les enfants, on n'allait pas le torturer avec ça, ç'aurait été tordu de notre part. On n'en parlait pas non plus à notre entourage.

« Et puis, on sentait bien qu'il y avait un petit malaise de son côté. Même si papa a été le premier à proposer de recourir à un don de sperme, on devinait qu'il n'était pas franchement d'accord pour l'évoquer si tôt avec nous. Mon père est tout à la fois un homme pudique et un compétiteur-né. Ses deux derniers frères – il est d'une famille de six – sont stériles eux aussi, à cause d'une intoxication au mercure quand ils

3. Les deux sœurs d'Arthur sont également nées de dons de sperme, de donneurs différents.

étaient enfants. Tous ont adopté, sauf lui. Mes oncles n'ont jamais su qu'il avait eu recours à une PMA. Ça lui permettait socialement, familialement, de ne pas passer pour celui qui n'y arrive pas. Et aussi de ne pas perdre ma mère.

« Paradoxalement, quand je suis devenu adulte, c'est lui qui m'a le plus soutenu dans ma quête, plus que maman. Un jour il m'a dit : “Par moments, Arthur, je ne sais pas trop ce que tu cherches. Parce que je sais tellement que je suis ton père…” Pour ajouter tout aussitôt : “Mais bon, si j'étais à ta place, je ferais probablement la même chose.” Il faut dire que papa a longtemps travaillé en Afrique : pour lui, le père n'est pas celui qui transmet les gènes, ce n'est pas comme ça que ça marche. Pour lui, le père, c'est celui qui est présent, qui s'occupe des enfants. Les Africains considèrent l'oncle qui les a élevés comme un père plus que leur géniteur.

« À 19 ans, j'ai eu un grave accident de scooter. J'ai failli y passer. Durant mon hospitalisation, je me suis posé la question : qu'est-ce que j'aurais regretté le plus si j'avais quitté ce monde ? Arrivait comme l'une des choses les plus importantes : de n'avoir rien dit de ma difficulté d'avoir été conçu par PMA sans pouvoir connaître mon donneur, me le représenter, savoir mes antécédents médicaux, etc. J'ai aussi pensé, lors de ce séjour-là, que si j'avais eu une complication sans connaître mes antécédents médicaux, c'eût pu être dramatique. D'ailleurs, quand j'ai retrouvé mon donneur, il m'a confié qu'il était porteur d'une mutation génétique entraînant des risques hémorragiques importants. Ce qui veut dire que, si j'avais hérité de cette mutation, j'aurais pu y passer ce jour-là...

« Donc mon père m'a soutenu et je l'ai mis au courant de mes recherches. J'ai fait le test ADN en septembre 2017, j'ai reçu les résultats en octobre. J'avais coché une case pour accepter que mon ADN soit comparé avec ceux qui le souhaitaient, et parmi ces cinq millions de personnes, il y avait une certaine Laura, avec laquelle je partageais 6,28 % d'ADN. Je l'ai jointe et, au téléphone, je lui ai raconté mon histoire, comme quoi j'avais longtemps été opposé à ce test, mais que fatigué de voir que les présidents de la République se succédaient sans que rien ne change, j'avais fini par m'y résoudre. Sa réaction m'a scié : "Mais pourquoi tu as mis tant de temps ? Moi, je l'ai fait il y a dix ans, et si tu avais fait de même, tu aurais su que nous étions de la même famille. Connaître ses géniteurs, a-t-elle ajouté, c'est la base." Dix ans de perdus ! J'aurais pu savoir dix ans plus tôt que Laura est ma cousine, que sa mère est ma tante et, ce que j'allais découvrir plus tard, que son grand-père et mon donneur sont frères. Car Laura, décidée à m'aider, a interrogé les membres de sa famille et a appris qu'un certain Gérard, son grand-oncle, avait été un donneur. Une fois qu'elle m'a transmis le nom, je me suis débrouillé pour le retrouver *via* internet.

« Aux vacances de Noël 2017, j'ai loué un gîte à côté de sa maison. J'avais prévu un courrier, que j'étais prêt à lui remettre si jamais je le croisais dans la rue, mais je ne savais pas quelle tête il avait. Je n'avais pas de photo de lui, rien. C'est ça en fait qui me gênait le plus : ne pouvoir mettre un visage sur lui. J'ai imaginé une stratégie : j'ai donné le courrier à ses voisins en leur laissant carte blanche pour le lui remettre en mains propres. Je savais seulement qu'ils étaient en lien et se verraient probablement au premier de l'an.

« En fait, ils le lui ont remis le 23 décembre. Deux jours plus tard, le 25, il m'appelait ! Selon les statistiques américaines, les donneurs en moyenne mettent six mois, lui n'a mis que deux jours pour répondre à ma lettre. Dans le courrier, j'avais tenu à lui préciser que j'avais un père qui m'aime, des parents qui me soutenaient dans ma démarche, afin d'être le plus clair possible. De même, j'ai préféré ne le rencontrer que quelques mois plus tard, au printemps, je voulais vérifier que c'était tout aussi clair dans sa tête…

« Je n'ai jamais imaginé que mon donneur puisse refuser de me voir. J'ai dû penser, sans doute parce que je ne suis pas fait de ce bois-là, qu'il n'était pas de ce bois-là non plus. D'ailleurs, quand il m'a appelé le 25 décembre, Audrey, mon épouse, la première personne à qui j'en ai parlé, m'a dit, les larmes aux yeux : "T'as vu, il est comme toi, il veut faire les choses bien." Ce devait être important pour lui de jouer au père Noël. De m'offrir ce cadeau…

« Après Audrey, j'annonce tout de suite à mon père que j'ai reçu un appel de mon donneur. Mon père a cette réflexion : "Heureusement que c'est toi qui le retrouves en premier, avant tes sœurs, parce que je n'ose pas imaginer la tête que tu aurais faite si ça avait été l'inverse !" J'ai beaucoup apprécié la réaction de mon père. Il faut dire que c'est un aventurier dans l'âme et un leader. Pour lui, si on initie des choses, c'est pour avoir un résultat. Donc on ne peut que se réjouir que ça ait fonctionné. Il faut être bon, performant. Quand j'étais enfant, j'avais des problèmes de comportement à l'école, on m'a fait voir une psychologue qui m'a fait un test de QI. Au moment des résultats, mon père a dit : "C'est plutôt rassurant, ton donneur devait en avoir dans la caboche !" Il avait donc aussi des interrogations au sujet de mon géniteur et ces bons résultats l'aidaient à l'accepter.

« Quand je rencontre Gérard, mon père biologique, le 19 mars 2018, ce qui m'a le plus frappé, ç'a été ses yeux. J'ai les mêmes ! Mais je sais bien que le regard que j'ai sur le monde, je le dois à mon père. Du point de vue du tempérament aussi, je vois des similitudes, des façons de réagir semblables... Ce sont des choses qui me dépassent, que je ne peux pas expliquer.

« On m'a souvent demandé comment j'imaginais mon donneur. J'ai toujours refusé de répondre à cette question. Je n'avais pas envie de peindre un tableau tout seul. Quand on n'a pas retrouvé son géniteur et qu'on y pense sans arrêt, on l'imagine et on ne fait que des projections de soi-même. Dans cet exercice-là, on peut rapidement avoir trop d'attentes et finir par être déçu.

« Quand je l'ai rencontré, je me suis juste dit "enfin !". J'avais tellement imaginé de possibilités... Enfant, je me souviens, j'étais chez un ami à l'île de Ré et il y avait chez lui un dictionnaire du golf – je déteste le golf –, et pendant qu'il prenait des cours de surf, moi, je compulsais ce dictionnaire, au cas où mon donneur y jouait, pour pouvoir échanger avec lui plus tard... Il fallait que je sois bon en basket, bon en roller, bon en tout. Je voulais être prêt au cas où. Un jour, mon père m'a vu parler à un SDF. Il m'a dit : "Tu vois, ce que tu as fait tout à l'heure, consacrer une demi-heure à un sans-abri, moi, je n'aurais pas été capable de le faire." Dans ma tête, je me disais que mon donneur pouvait potentiellement être ce SDF. Je voulais pouvoir l'approcher, échanger avec lui, sans crainte, quel qu'il soit.

« Gérard m'a dit pourquoi il avait donné ses spermatozoïdes : il tenait à aider un couple parce que lui avait eu des difficultés à avoir des enfants avec sa première épouse. Il a été marié trois fois, et il a deux fils qui sont en froid avec lui depuis dix ans. Dès notre premier contact, du reste, il s'est empressé de me demander un service. Il voulait que je l'aide à se rabibocher avec eux. On m'avait parlé de cette possibilité qu'un donneur, quand on le retrouve, demande en échange un service, une sorte de contre-don... Je lui ai répondu que je ne le ferais pas pour lui mais que je pouvais l'aider à le faire.

« Quelques semaines plus tard, il m'a fait la surprise de m'accueillir avec un de ses fils et ses petits-fils. Dont un qui ressemble étonnamment à l'un de mes enfants et qui m'a lancé très gentiment : "Alors, ça fait quoi d'avoir une nouvelle famille ?" Ils m'ont vraiment réservé un accueil chaleureux. Il faut dire que ce sont des gens qui comprennent mieux que d'autres la quête des origines : dans leur lignée, il y a une longue histoire d'abandons d'enfants qui remontent bien au-delà du père de Gérard… Cela dit, ils ont vite compris que ce n'était pas une nouvelle famille que je cherchais mais seulement mon donneur. Je n'ai pas besoin d'une fratrie recomposée. D'ailleurs, je ne les considère pas comme des frères mais plutôt comme des congénères. Quant à mes trois enfants, ils connaissent bien sûr Gérard, qu'ils appellent par son prénom.

« Ma recherche n'est pas toujours bien perçue par les autres, même ceux qui me soutiennent. Une fois Gérard retrouvé, mon père m'a dit : “Finalement, quand on t'écoute, cette quête des origines, quel intérêt ? Ça n'a pas l'air de te rendre plus heureux…” Là, je me suis insurgé. Qu'est-ce que c'est que cette histoire ? Si je veux du bonheur, je peux partir en vacances, partager des moments avec des amis, avec ma femme, mes enfants… Ma recherche n'a rien à voir avec le bonheur ! C'est une quête de liberté, d'identité. C'est savoir où je me situe dans le monde, où je suis par rapport à mes parents, ma famille, mon médecin… C'est un repère supplémentaire. Une donnée essentielle pour avancer. Comme un panneau de signalisation sur une route. Est-ce que les panneaux de signalisation contribuent au bonheur ? Pas vraiment – encore que grâce à eux, on est content de ne pas être renversé par un camion –, mais leur but n'est pas de nous apporter le bonheur. Il se trouve que les données auxquelles la plupart ont accès pour vivre dans cette société, moi je ne les avais pas au départ.

« Je vois mon père et mon donneur comme des personnes complémentaires. L'un a simplement aidé l'autre à fonder une famille. Même s'ils ne se connaissent pas, j'ai toujours perçu une entraide dans cette histoire. Jamais je n'ai été dans une démarche de comparaison. Ce ne sont pas des rivaux mais des individus aux rôles différents.

« Avant que je retrouve Gérard, mon père me disait : "J'aimerais le rencontrer, je prendrais bien un pot avec lui pour le remercier de m'avoir permis d'avoir un beau garçon." Une fois que le donneur est devenu réalité, il n'a pas renouvelé son vœu. Pour ma mère, les choses sont peut-être moins claires. Sans doute parce qu'elle n'est pas stérile. "Je ne tiens pas à le rencontrer, m'a-t-elle précisé, il m'a fait un cadeau qui, d'un point de vue symbolique, m'a endettée jusqu'à la fin des temps. Je ne veux pas être face à un homme envers lequel je suis à ce point redevable. C'est trop compliqué pour moi." Ce à quoi je lui ai répondu qu'elle ne devrait pas accorder autant d'importance à la génétique. Le géniteur, c'est Gérard, mais celui qui s'est investi, qui a vraiment tout donné, le vrai donneur, c'est mon père. De même, Gérard, un jour, m'a lancé qu'il était prêt à rencontrer mes parents, que cela ne lui posait pas de problème… Mais ça n'est venu à l'idée d'aucun d'entre eux de se demander si, moi, je le voulais ! Eh bien, j'ai quand même fini par leur dire que je n'y tenais pas du tout !

« Les liens avec les géniteurs retrouvés sont complexes. Je le vois bien dans mon association Origines. Beaucoup expriment une certaine amertume à leur égard, les jugeant responsables d'une part de leur frustration. Ils se posent la question comme je me la pose moi-même : pourquoi ce désir de donner sans en prévoir les écueils ? Pourquoi avoir accepté de participer à la conception d'enfants qui, devenus adultes, ne pourront rien savoir sur eux et devront grandir sur un mystère ? Même si l'époque interdisait cette clarification, on peut leur en vouloir de ne pas avoir réfléchi sur ce point. C'est mon cas. Il y en a dans l'association qui n'ont pas cette rancœur, qui veulent seulement une information et ne cherchent pas à voir leur donneur. Moi je fais partie de ceux qui pensent que, quand on va dans un laboratoire pour donner ses gamètes, on ne doit pas poser son cerveau à côté.

« On ne se lève pas le matin en se disant "je vais donner". Il y a une histoire derrière. Qui est absolument essentielle pour comprendre pourquoi quelqu'un devient donneur. Le discours habituellement servi de générosité et de désintéressement est parfois vrai mais pas toujours. Il y a des raisons extrêmement variées, ça peut être de l'altruisme, ça peut être aussi, de façon beaucoup moins consciente, une volonté de puissance, un désir d'être patriarche ou, plus pragmatique, un besoin d'argent. Je pense en particulier à Jeffrey[4], ce

4. Emmanuel Dayan, *Famille #150*, documentaire, 2009. Jerry Rothwell, *Donneur anonyme. Aventures dans le commerce du sperme*, documentaire, Arte, 2011.

donneur américain retrouvé par plusieurs enfants nés de son don. Peut-être qu'il est complètement mégalo, ou marginal, peut-être que c'est sa façon d'exister, de laisser quelque chose derrière lui, de calmer ses angoisses de mort ou de finitude…

« Je ne sais pas quelles sont les raisons inconscientes du don de Gérard. Il n'est pas un modèle de stabilité, il a été marié trois fois, a du mal à avoir une famille harmonieuse… Chez lui je choisis ce qui me convient, ce qui me fait plaisir. Et je m'en porte bien. Les choses sont désormais à leur place. Pour moi, comme pour mon père. Depuis que j'ai trouvé mes origines, il a eu cette phrase : "Dans l'amour, il n'y a que des additions."

« Après ces années de rage qui m'ont poussé à avancer, j'ai compris que le combat était enfin terminé. Mon punching-ball n'était plus là, j'avais l'habitude de l'utiliser tous les jours – écrire une tribune, préparer un colloque, me battre –, je me suis retrouvé avec un trop-plein d'énergie disponible. Alors, je l'ai mise dans mon action de militant pour le droit à la connaissance des donneurs, dans mon boulot et aussi dans l'agriculture urbaine. Une façon de renouer avec la généalogie : les parents de mon donneur étaient paysans dans l'Yonne. De gros bosseurs. Je me rends compte que je n'y connais rien. C'est ma façon d'échanger avec Gérard, qui m'enseigne les plantes de son potager. »

Conclusion

Nous ne nous contentons pas de traverser la vie. Nous y sommes attachés par les deux bouts : la naissance et la mort. Mais parfois, comme dans le cas des hommes et des femmes évoqués ici, nous choisissons d'en infléchir le cours. Ce désir tardif d'enfant, la question des origines, la notion de transmission et d'inscription dans une histoire commune nous montrent bien tout ce que le vivant conserve de symbolique. Malgré les avancées techniques permettant aujourd'hui de mettre au monde un enfant, la naissance d'un individu n'est jamais pensée en termes purement médicaux. Comme le montrent les témoignages des patients, la venue au monde d'un enfant met en lumière l'intégralité d'un parcours individuel. Donner la vie demeure l'acte philosophique par excellence. Il fixe non seulement les désirs et les traumatismes mais aussi les renoncements et les représentations. Il dit l'essentiel d'une époque et d'une société.

Les femmes d'aujourd'hui sont-elles plus émancipées ? Plus libres dans leur tête que ne l'étaient leurs mères et leurs grands-mères ? Incontestablement, même si de cette liberté découlent des contraintes auxquelles elles ne s'attendaient pas forcément, comme pour certaines à vivre une maternité en solo par exemple.

Que signifie chez ces « tardives » ce délai supplémentaire donné au désir d'enfant ? Rend-il celui-ci plus aigu et quel sens donner à cette nécessité ? Si le délai accordé apporte une forme de liberté, il sonne aussi comme une limite. Les femmes sont conscientes que l'heure du choix ne peut plus attendre, le temps est compté.

Chacun l'exprime à sa façon mais revient, toujours, la difficulté à apprivoiser le temps, qu'on soit une femme ou un homme : le temps de sa propre existence, le temps de la relation à l'autre, le temps de transmettre soi-même la vie et de mettre au monde.

Sans doute est-ce la nouveauté de notre époque, oublieuse de son passé et angoissée de son avenir, qui formule ce désir individuel d'enfant non plus comme une donnée naturelle, mais comme une tension entre un projet et les obstacles pour y parvenir.

Ce désir nous renvoie aux questions que se posent nos sociétés. Et nous révèle non seulement les parents que nous sommes mais les adultes que nous souhaiterions être. Car pour la première fois sans doute dans l'histoire de l'humanité, le désir pose la triple question du couple, de l'individu et de l'enfant sous les auspices de la survie de l'espèce face aux dangers qui la guettent, aussi réels que symboliques. Il nous met face à notre désarroi.

Comment interpréter ces maternités tardives, ce temps repoussé – parce qu'un moment ignoré ou nié dans son déroulement –, autrement que comme une projection plus large de l'idée que nous nous faisons de notre rôle dans l'histoire de l'humanité ? Au-delà de la condition des femmes elle-même, ces maternités ont un effet de loupe sur la place que tiennent aujourd'hui la dimension symbolique de la transmission et la volonté de l'individu de laisser une trace dans le monde.

Dans l'amour qu'elles portent à leur enfant, les femmes qui souhaitent devenir mères ou accèdent à la maternité à un âge considéré comme avancé, engagent la totalité d'elles-mêmes. Ce qui vaut aussi pour les pères qui les accompagnent parfois. Mettre au monde un enfant, se préparer à l'élever n'est pas un acte purement égoïste, ni un simple désir de réalisation de soi. On ne peut pas non plus réduire cet acte à une injonction sociale que rendent désormais possibles les avancées considérables réalisées par la médecine depuis un demi-siècle.

Dans quelle mesure la définition de la femme demeure liée à la maternité ? Celle-ci n'est pas le seul critère, la féminité trouve aussi à se définir à travers d'autres éléments. Le choix de ces femmes met en lumière la manière dont devenir parent conduit aujourd'hui à s'émanciper du groupe traditionnel. À une époque où le concept de vie est plus que jamais une injonction de la société, l'affirmation de ce chemin individuel apparaît plus précieuse que jamais.

Les femmes qui s'inventent à travers une maternité tardive apparaissent comme les pionnières d'un nouveau rapport à la vie. La leçon qu'elles nous donnent est celle d'un choix réfléchi, celui de mettre un enfant au monde en toute liberté, quand bien même il leur faut surmonter de nombreux obstacles. Peut-être auraient-elles préféré s'inscrire dans un schéma plus classique. S'agit-il pour elles, qui affirment sur le tard leur désir de procréer, de rattraper le temps perdu ? De corriger les injustices de la vie ou les échecs sentimentaux ?

Un leitmotiv apparaît dans les paroles restituées ici, confidences de leur existence. Au-delà des inquiétudes, des souffrances et des interrogations, se dessine une forme partagée de confiance dans l'avenir et, au-delà des avancées scientifiques, des représentations sociales, chacune souhaite écrire un jour sa propre partition. Face aux peurs nouvelles de nos sociétés, aux prédictions catastrophistes, alors que certains dans les jeunes générations renoncent à faire des enfants, les plus âgées s'y engagent. Il y a là une façon de nous dire l'essentiel, l'amour de la vie et assurer la continuité du monde.

Remerciements

Au terme de cette aventure, de ces entretiens, de ces échanges j'aimerais remercier :

Perrine Simon, pour son regard aigu, ses réflexions critiques et pertinentes ;

Rachel Trèves, si affectueuse, pour ses commentaires pointus et judicieux ;

Jonathan Trèves, pour sa tendresse essentielle et ses recommandations avisées ;

Marie-Laure Sauty de Chalon, infiniment présente, pour ses suggestions et la subtilité de ses jugements ;

Perla Servan-Schreiber, pour ses sages conseils et son attention constante ;

Audrey et Arthur Kermalvezen, pour leurs contributions éclairantes et leur générosité ;

Sophie Gellman, pour son accompagnement si précieux ;

Michaël Grynberg, pour sa disponibilité et son amitié indéfectibles ;

Danièle Flis, pour ses recherches averties et documentées d'articles, de podcasts ou d'émissions ;

Claude Rayna, pour ses avis inspirés et son amour de la transmission ;

René Frydman, pour son soutien sans faille et sa délicate bienveillance ;

Michelle Perrot, pour son enthousiasme intense et sa confiance inaltérée dans les femmes.

Toute ma gratitude va aux patientes et aux patients qui ont contribué à la matière de ce livre et m'ont livré leurs confidences.

Je tiens à les remercier, toutes et tous, pour la confiance qu'ils m'ont accordée.

À Philippe, toujours.

Lexique

Aménorrhée : absence de règles.

Amniocentèse : prélèvement de liquide amniotique afin d'obtenir des cellules fœtales qui pourront être analysées pour rechercher une maladie génétique ou chromosomique.

AMP ou PMA : assistance médicale à la procréation. Ce sont les différentes techniques médicales et biologiques qui comportent la manipulation des gamètes dans le but d'obtenir une grossesse. Ces techniques peuvent aussi s'appliquer en cas de risque de transmission à l'enfant de maladies graves et incurables de façon à ne transférer que les embryons qui en seraient indemnes. Les techniques d'assistance médicale à la procréation incluent en théorie les inséminations artificielles avec sperme de conjoint ou de donneur, et la fécondation *in vitro* avec sperme de conjoint ou de donneur.

Azoospermie : absence de sperme dans l'éjaculation.

Cecos : Centre d'étude et de conservation des œufs et du sperme humains. Équipe multidisciplinaire impliquée dans la gestion des dons de gamètes, de l'accueil de l'embryon et de la préservation de la fertilité masculine et féminine.

Donneur ou donneuse : l'homme ou la femme qui donne ses gamètes à une clinique ou un centre de procréation pour qu'un couple puisse avoir un bébé.

Embryon : l'organisme formé par la rencontre du spermatozoïde et de l'ovocyte. Étape correspondant aux premiers stades de la grossesse.

Épigénétique : discipline qui cherche à appréhender les mécanismes influant sur l'expression des gènes.

Fécondabilité : probabilité de fécondation sur la période d'un cycle menstruel.

Fécondation : rencontre de l'ovocyte et des spermatozoïdes.

FIV (fécondation *in vitro*) : technique d'assistance médicale à la procréation, qui va permettre, après le recueil de sperme et d'un ovule, la constitution au laboratoire d'un embryon qui pourra être placé dans l'utérus de la femme après quelques jours.

Fertilité : capacité à procréer.

Fœtus : produit de conception après le troisième mois de développement dans l'utérus.

Follicule : structure qui contient un ovule ou ovocyte.

Gamète : cellule reproductive. Les gamètes masculins sont les spermatozoïdes. Les gamètes féminins sont les ovocytes.

Grossesse extra-utérine (GEU) : nidation de l'œuf en dehors de la cavité utérine, en général dans la trompe.

IAD : insémination avec un donneur.

IMG (interruption médicale de grossesse) : avortement thérapeutique qui peut être pratiqué quel que soit son terme lorsque le fœtus ou la mère se portent trop mal.

Induction de l'ovulation : ensemble de techniques médicales qui visent à tenter d'obtenir des ovulations chez des femmes qui n'ovulent pas ou irrégulièrement.

Infertilité : difficulté à concevoir un enfant.

Injection intracytoplasmique (ICSI) : technique de fécondation *in vitro* consistant en la micro-injection d'un spermatozoïde dans le cytoplasme d'un ovocyte mature grâce à une micropipette.

Insémination intra-utérine (IIU) : technique d'assistance médicale à la procréation qui consiste en un placement de spermatozoïdes au fond de l'utérus qui pourront ainsi favoriser la fécondation de l'ovocyte.

Maturation *in vitro* (MIV) : technique d'assistance médicale à la procréation qui consiste en un prélèvement d'ovocytes immatures sans stimulation ovarienne préalable. Les ovocytes pourront ensuite être maturés en laboratoire avant d'être fécondés par l'ICSI.

Ménopause précoce : disparition complète des cycles avant l'âge de 40 ans.

Oncofertilité : discipline qui s'intéresse à la fertilité et à sa préservation dans les contextes de cancer.

Ovaires : gonades, organes de la reproduction féminine, site de la fabrication des ovocytes.

Ovocyte ou ovule : cellule reproductrice féminine, qui peut se trouver à différents stades de maturation.

Ovulation : expulsion hors de l'ovaire de l'ovocyte mature à partir d'un follicule dominant. Parallèlement à ce phénomène mécanique survient une maturation de l'ovule qui deviendra apte à être fécondé par le spermatozoïde.

Paillette : petit tube fin dans lequel est conservé du sperme congelé dans de l'azote liquide à — 196 °C.

Phénotype : ensemble des caractères apparents d'un individu (opposé au génotype).

Polyfécondation : fécondation d'un ovule par plusieurs spermatozoïdes.

Réserve ovarienne : stock de follicules primordial présent dans les ovaires à un temps. Cette réserve est maximale pendant la vie intra-utérine et ne fait que diminuer jusqu'à la ménopause. Elle s'évalue indirectement par des marqueurs sanguins et échographiques pour décider de la stratégie de traitement.

Spermatozoïde : gamète masculin.

Spermogramme : examen médical au cours duquel sont analysées les caractéristiques du sperme.

Stérilité : incapacité physiologique de concevoir naturellement, de porter ou d'accoucher d'une progéniture saine ou viable.

Vitrification : technique de congélation ultrarapide utilisée pour congeler les embryons ou les ovocytes et parfois le tissu ovarien.

Sources

François Ansermet, *La Fabrication des enfants*, Odile Jacob, 2015.

Élisabeth Badinter, *Le Conflit. La femme et la mère*, Flammarion, 2010.

Ingrid Betancourt, *Même le silence a une fin*, Gallimard, 2010.

Monique Bydlowski, *La Dette de vie*, PUF, 1997.

Fabienne Daguet, « L'évolution de la fécondité des générations nées de 1917 à 1949 : analyse par rang de naissance et niveau de diplôme », *Population*, vol. 55, 2006.

Emmanuel Dayan, *Famille #150*, documentaire, 2009.

Sylvie Faure-Pragier, *Les Bébés de l'inconscient*, PUF, 2011.

Muriel Flis-Trèves, *Elles veulent un enfant*, Albin Michel, 1998.

—, *Le Deuil de maternité*, Calmann-Lévy, 2004.

—, *Bébé Attitude*, Plon, 2005.

—, *Les 100 Mots de la maternité*, PUF, 2014.

—, René Frydman (dir.), colloque Gypsy, *L'irrésistible course du temps*, PUF, 2011.

Corinne Fortier, « Quand la ressemblance fait la parenté », *Défis contemporains de la parenté*, Éditions de l'EHESS, 2009.

—, « De troublantes ressemblances : un sentiment de parenté », *Corps* n° 10, 2012.

Sigmund Freud, *Introduction à la psychanalyse*, 1917, traduction Petite Bibliothèque Payot, 1975.

—, *L'Inquiétante étrangeté et autres essais*, 1919, traduction Galllimard, 1985.

René FRYDMAN, *Une histoire de la naissance*, Grasset, France Culture, 2021.
Jacques GÉLIS, *L'Arbre et le Fruit. La naissance dans l'Occident moderne. XVIe-XIXe siècle*, Fayard, 1984.
Michaël GRYNBERG, *Les Secrets de la PMA*, Marabout, 2022.
Serge HEFEZ, *Quand la famille s'emmêle*, Hachette littérature, 2004.
Mardy S. Ireland, *Reconceiving Women*, Guilford Press, 1993.
Ivan JABLONKA, *Des hommes justes. Du patriarcat aux nouvelles masculinités*, Seuil, 2019.
Henry JAMES, *L'Image dans le tapis*, Éditions du Rocher, 2009.
Audrey KERMALVEZEN « Secrets, dons et trahison », colloque Gypsy, *Confiance, Défiance, Trahison*, PUF, 2019.
Arthur KERMALVEZEN et Charlotte ROTMAN, *Le Fils*, L'Iconoclaste, 2019.
Leslie LAFAYETTE, *Why Don't You Have Kids ?*, Kensington Books, 1995.
Jean LAPLANCHE et Jean-Bertrand PONTALIS, *Vocabulaire de la psychanalyse*, PUF, 1967.
Laurie LAUFER, *Vers une psychanalyse émancipée. Renouer avec la subversion*, La Découverte, 2022.
Myriam LEVAIN, *Et toi, tu t'y mets quand ?*, Flammarion, 2018.
Dominique MEHL, *Maternités solo*, Éditions universitaires européennes, 2016.
Juan-David NASIO, *L'Œdipe*, collection « Désir », Payot, 2005.
Association ORIGINES, Arthur KERMALVEZEN et Audrey KERMALVEZEN, fondateurs. www.associationorigines.com.
Audrey PAGE, *Allers-retours pour un bébé*, Albin Michel, 2020.
Michelle PERROT, *Le Chemin des femmes*, Robert Laffont, collection « Bouquins », 2019.
—, *Des femmes rebelles*, Tunis, Elyzad, 2014.
Enric PORQUERES I GENÉ, *Défis contemporains de la parenté*, EHESS, 2009.
Jerry ROTHWELL, *Donneur anonyme. Aventures dans le commerce du sperme*, documentaire, Arte, 2011.
Élisabeth ROUDINESCO, *La Famille en désordre*, Fayard, 2002.

Françoise SAGAN, *Je ne renie rien. Entretiens 1955-1992*, Stock, 2014.
George SAND, *François le Champi*, Le Livre de Poche, 1976.
Catherine TARET, *Il n'est jamais trop tard pour éclore*, Flammarion, 2017.
Serge TISSERON, Aurélie GUILLEREY (illustrations), *Le Mystère des graines à bébé*, Albin Michel Jeunesse, 2008.
Rachel TRÈVES, podcasts « Parcours », slate.fr, http://www.slate.fr/audio/parcours/
Françoise ZONABEND et Chantal COLLARD, *La Parenté*, PUF, 2019.

Table des matières

Photocomposition PCA

Achevé d'imprimer en mars 2023
par CPI BUSSIÈRE (18200 Saint-Amand-Montrond)
pour le compte des Éditions Calmann-Lévy
21, rue du Montparnasse, 75006 Paris

PAPIER À BASE DE FIBRES CERTIFIÉES

CALMANN LEVY s'engage pour l'environnement en réduisant l'empreinte carbone de ses livres. Celle de cet exemplaire est de :
500 g éq. CO_2
Rendez-vous sur www.calmann-levy-durable.fr

N° d'éditeur : 1168279/01
N° d'imprimeur : 2070705
Dépôt légal : avril 2023
Imprimé en France.